企业社会责任信息、企业声誉与利益相关者行为意向研究

廉春慧　著

企业管理出版社

图书在版编目（CIP）数据

企业社会责任信息、企业声誉与利益相关者行为意向研究 / 廉春慧著. --北京：企业管理出版社，2018.6

ISBN 978-7-5164-1720-1

Ⅰ.①企… Ⅱ.①廉… Ⅲ.①企业责任-社会责任-理论 Ⅳ.①F272-05

中国版本图书馆 CIP 数据核字（2018）第 101576 号

书　　名：企业社会责任信息、企业声誉与利益相关者行为意向研究
作　　者：廉春慧
责任编辑：侯春霞
书　　号：ISBN 978-7-5164-1720-1
出版发行：企业管理出版社
地　　址：北京市海淀区紫竹院南路 17 号　邮编：100048
网　　址：http://www.emph.cn
电　　话：编辑部（010）68420309　发行部（010）68701816
电子信箱：zhaoxq13@163.com
印　　刷：北京虎彩文化传播有限公司
经　　销：新华书店
规　　格：170 毫米×240 毫米　16 开本　11 印张　180 千字
版　　次：2018 年 12 月第 1 版　2018 年 12 月第 1 次印刷
定　　价：58.00 元

前 言

对于企业社会责任与财务绩效关系的实证研究一直是社会责任研究领域的重要内容，其目的是为企业社会责任思想提供有力的经验证据。自20世纪70年代以来，尽管相关研究众多，但结论却是相互矛盾的。大量的实证研究集中于检验企业社会责任与财务绩效之间的直接关系，而忽略了两者关系中可能存在的其他重要因素，从而导致研究结论的不一致和不可靠。利益相关者的行为响应是企业社会责任价值最终能否实现的关键。利益相关者对企业社会责任活动响应的前提是对企业社会责任水平的感知，而感知程度及其差异很大程度上取决于其获取的企业社会责任信息的差异。企业社会责任信息的披露与传播如何影响利益相关者对企业社会责任水平的感知，进而改变他们对企业声誉的评价？企业社会责任信息是直接影响利益相关者的行为意向还是借企业声誉评价的改变间接影响利益相关者的行为意向？在这个过程中还有哪些因素会起到中介或调节作用？上述疑问正是本书的研究焦点。尽管已有不少研究有助于理解企业社会责任行为对利益相关者的影响，但关于消费者、求职者及投资者等企业主要利益相关者对企业社会责任行为的响应机理和过程的研究依然十分匮乏。

本书关注于企业社会责任价值实现的过程和中间路径，提出企业社会责任信息、企业声誉和利益相关者行为意向是企业社会责任价值实现过程中的中间变量。本书以“企业社会责任信息—企业声誉—利益相关者行为意向”为研究主线，探究企业社会责任信息、企业声誉与利益相关者行为意向两两之间的关系，企业声誉在企业社会责任信息与利益相关者行为意向关系中的中介作用，以及企业社会责任价值认知、企业社会责任信息可信度和信息关注度在企业社会责任信息与企业声誉、利益相关者行为意向关系中的调节作用。

本书是一次探索性研究。首先，在文献回顾的基础上，构建了企业社会责任信息、企业声誉和利益相关者行为意向关系的概念模型；其次，采用深度访谈、实验研究和问卷调查方法获取研究所需数据；最后，运用SPSS统计软件对调查数据进行分析，验证了本书所提出的关系模型和相关假设。通过理论探讨和实证研究，本书得出如下结论：

第一，企业社会责任信息对利益相关者行为意向具有直接影响。企业社会责任行为能否有效提升企业价值主要取决于利益相关者是否将企业社会责任信息作为决策的参考依据，并采取有利于提升企业价值的行为。本书研究结果支持企业社会责任信息对购买意向、求职意向和投资意向具有直接影响的研究假设，这也说明企业在积极承担社会责任之后，企业社会责任信息的披露与传播发挥了至关重要的作用。

第二，企业社会责任信息对企业声誉具有直接影响。研究结果表明，企业社会责任信息会影响和改变利益相关者对企业的感知和评价，进而影响其对企业声誉的评价。

第三，企业声誉对利益相关者行为意向具有直接影响。实证结果显示，企业声誉对利益相关者购买、求职及投资意向有直接影响。声誉呈一种对外显示自身产品或服务的信号，良好的企业声誉对利益相关者具有显著的吸引力，特别是对高素质利益相关者的吸引力更大。

第四，企业声誉在企业社会责任信息与利益相关者行为意向关系中具有部分中介作用。企业社会责任信息对利益相关者的购买、求职和投资意向的影响程度和方向部分受企业声誉的中介影响。

第五，企业社会责任价值认知和企业社会责任信息可信度在企业社会责任信息、企业声誉及利益相关者行为意向关系中具有调节作用。

本书实证结果表明，消费者、求职者及投资者作为企业重要的利益相关者对企业责任信息是有需求的，并能积极响应。企业社会责任信息对利益相关者行为意向的影响是企业社会责任行为转化为企业价值的一个中间过程。企业社会责任信息可以直接影响购买意向、求职意向和投资意向，企业社会责任信息也部分通过企业声誉这一中介变量发挥作用。

本书的学术贡献和创新点主要体现在：①以企业社会责任信息为切入点研究企业社会责任响应过程；②构建了一个企业社会责任信息、企业声誉、利益相关者行为意向关系的理论模型，为企业社会责任价值研究提供了一个新的理论分析框架；③从利益相关者行为意向这一新视角探究了企业社会责任信息的披露效应。同时，本书研究结论也具有一定的实际意义，即有利于改变企业管理者对企业社会责任价值的错误认知，为企业改进企业社会责任信息披露与传播工作，提高对企业声誉和利益相关者关系的管理水平提供了有益的理论指导。

目　录

1 绪 论

本章在分析企业社会责任信息披露的现实背景的基础上，提出了研究的问题。进而结合我国企业社会责任信息披露的制度背景及战略型企业社会责任、声誉管理、利益相关者关系管理及行为意向理论背景，阐述了本书的主题和创新点。接着介绍了研究思路、方法和技术路线。最后，说明了本书的主要内容和研究框架。

1.1 研究背景

1.1.1 现实背景

1.1.1.1 公众对企业社会责任的认知和关注度不断提升

企业社会责任（Corporate Social Responsibility，CSR）理论始于20世纪初，该理论一经提出即引起了社会各界的广泛关注及讨论。企业社会责任的定义也被众多学者反复研究和讨论。作为CSR理论最初的研究者之一，Bowen（1953）认为企业应按照社会的目标和价值观的要求做出相应的决策和具体行动。Davis（1960）把企业社会责任定义为企业超出直接经济利益或技术利益以外的决策、行动，并提出了所谓的“责任铁律”，即权利与责任两者的关系应当是平等的。Carroll（1979）在前人观点的基础上，对企业社会责任做了更清晰的诠释，提出金字塔模型。他将企业社会责任划分为四个维度：慈善责任、伦理责任、法律责任及经济责任。20世纪70年代之后，众多学者对企业社会责任的内涵和外延进行了界定，但由于研究者视角和方法的差异以及社会经济的不断发展和变化，导致企业社会责任的定义至今无法统一。目前国际上普遍认同CSR理念是企业在创造利润、对股东利益负责的同时，还要承担对利益相关者、对社会和环境的社会责任，包括遵守商业道德、生产安全、职业健康、保护劳动者的合法权益、节约资源等。

从20世纪70年代中期开始，研究者们开始从早期对企业是否应该承担以及承担什么社会责任的讨论转向以CSR作为出发点，从多种视野来研究CSR，衍生出许多新的概念和主题，例如企业社会回应（Corporate Social Responsiveness）、企业社会绩效（Corporate Social Performance，CSP）、经济伦理（Business Ethics）、利益相关者理论（Stakeholder Theory）、企业公民（Corporate Citizenship）、社会责任投资（Socially Responsible Investment，SRI）等。我国学者的企业社会责任研究一直处在跟踪国外学者的研究阶段，但在结合中国国情和文化研究中国企业社会责任的过程中，也取得了一些不错的成果。这些理论研究成果不仅丰富了社会责任的研究，同时极大地提升了社会公众对企业社会责任的认知和关注度。

随着我国经济的快速发展，企业及商人们在贪婪的逐利过程中，制造了诸如环境污染、生态破坏、食品质量低劣、产品安全事故频发、员工权益受到侵害等一系列问题，严重损害了社会公众的健康和利益。面对日益突出和严峻的问题，学者的不懈研究和各种媒体的大力宣传发挥了巨大的推动作用，社会公众的社会责任意识被唤醒并日渐增强，要求企业积极承担社会责任的呼声和行动也给企业带来前所未有的压力。迫于这些压力，一些企业开始从被动处理社会责任问题转为主动采取措施。但是，由于我国有关企业社会责任的研究起步较晚，大部分企业对于社会责任的认知还很肤浅。还有很多企业家将履行社会责任与“捐钱”画等号，热衷于各种慈善秀。企业对于如何承担社会责任既能够提升社会利益又能够增加企业经济利益这一问题存在疑惑。这也正是我国学术界、企业界以及政府需要关注的问题。

1.1.1.2 我国企业社会责任信息披露实践快速发展

我国企业发布社会责任报告的历史很短，但发展速度却令人瞩目。1999年壳牌（中国）公司率先发布企业可持续发展报告。2003年，中国移动江西公司在国内企业中率先发布了企业社会责任报告。之后数年，中石油股份公司、福特汽车、宝钢股份、中国平安、东芝（中国）等公司也先后加入这一行列。但是，截至2005年底，在中国发布独立企业社会责任报告的企业累计仅有13家，可谓凤毛麟角，在市场上也没有引起很大的反响。2006年，国家电网公司发布企业社会责任报告，这是国内首家发布责任报告的央企，此报告由于受到中央政府的高度肯定，其影响可谓深远。其后的短短两三年间，随着社会各方对企业社会责任重视度的不断提升，越来越多的中国企业开始通过发布社会责任报告向社会公众展示自身在履行社会责任方面的努力，我国企业社会责任报告发布呈现出一片快速发展的繁荣景象。2009年，这一领域出现“井喷”式发展，400多家上市公司披露了独立的社会责任报告，582家企业发布了社会责任报告。之后几年，我国企业发布社会责任报告的数量一直在平稳增长，如图1-1所示。2014年10月底，2240家企业发布了社会责任报告，继2009年的“井喷”和2012年的快速增长后再现高速增长态势。特别值得关注的是非企业组织社会责任报告的发布也呈现出异军突起的态势，发布在各行业协会及相关部门和组织平台上的报告达1336份次，同比增长113.4%，其占比已经超过三成，发布主体多为教育机构和政府部门。

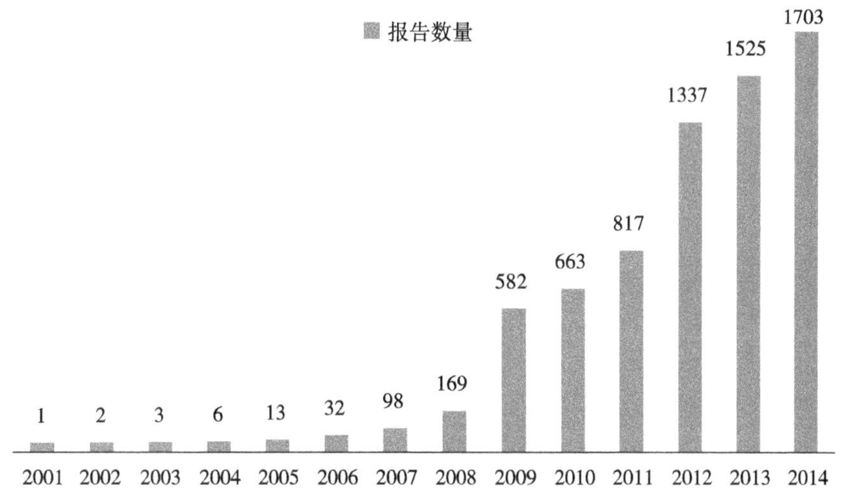

图1-1 中国企业社会责报告数量年度统计（2001~2014年）

经过十几年的发展，我国企业社会责任报告不仅在数量上稳步提升，报告的质量也不断提高。企业社会责任报告在结构的完整性、信息的可读性和可比性等方面有了很大改进，但信息可靠性还有待提高。2015年，中国社会科学院经济学部企业社会责任研究中心以2014年度1007家企业发布的社会责任报告为研究对象，分析了我国企业社会责任报告信息披露情况。研究数据表明，仅14.2%的企业对报告进行了第三方评价，整体存在"报喜不报忧"现象。一份社会责任报告缺少独立公正的第三方评价，没有任何负面信息披露会令公众对企业社会报告信息的可信度产生怀疑。该研究报告还发现我国企业社会责任报告在内容设置和形式设计上存在趋同化现象，只有部分企业能够结合公司年度重大活动或事件设置专题进行专项披露，内容的同质化让读者无法很好地辨识企业，大大降低了信息传播的有效性。尽管企业社会责任报告的数量及报告的篇幅都在不断增加，社会责任信息披露水平有了显著提升，但是，企业社会责任信息的效应并未如人们预期的那样理想。越来越多的企业管理者虽然接受企业承担更广泛的社会责任的观念，但不少企业管理层将发布企业社会责任报告当作顺应潮流的被动之举，企业社会责任理念没有对企业管理层的决策产生重大影响。企业公众对企业社会责任报告信息也未表现出太大的兴趣。未来，随着投资者、消费者、媒体、社区等社会公众对企业社会报告信息的关注度、需求和期望值的不断提高，其对企业提供的社会责任报告的质量要求也越来越高，企业社会责任信息的价值将会日益凸显。

1.1.1.3 企业社会责任与财务绩效关系研究的困境与突破

作为企业成长发展中的重要问题，企业社会责任被越来越多的国内外学者所关注。对于企业社会责任与财务绩效关系的实证研究一直是社会责任研究领域的重要内容，其目的是为企业社会责任思想提供有力的经验证据。但是自20世纪70年代以来，尽管相关的研究众多，但结论却是相互矛盾的。Wood和Jones（1995）将其主要原因归结于缺乏一个能阐明企业社会责任和公司财务绩效两者之间是如何产生联系的理论。

在企业社会责任与财务绩效关系研究没有得到统一结果的时候，来自不同领域的学者开始尝试从不同的视角探究企业社会责任对企业财务绩效的影响路径。营销领域的学者们关注企业社会责任对消费者的购买意向、顾客满意度及忠诚度的影响，人力资源领域的学者热衷于企业社会责任对企业员工招聘、员工敬业度、员工忠诚度的影响研究，关注企业声誉的学者则在探究企业社会责任对企业声誉的影响，而会计领域的学者更关注企业社会责任信息的披露对企业财务绩效的影响。大量来自多元视角的研究成果不断涌现，为企业管理者和社会公众深入了解企业社会责任对企业可持续发展的意义提供了丰富的证据，同时，也令研究者深刻体会到企业社会责任价值实现过程是一个相当复杂的过程。为什么现有的研究结果充满矛盾？为什么多数研究成果表明企业社会责任水平与财务绩效存在正向关系，但很多企业却不愿意积极承担社会责任？当企业投入资源落实到企业社会责任时，是否真能如期望的那样正向提升社会公众对企业的评价，进而达到提升企业声誉的效果？除了企业声誉的正面提升，是否能促使现有和潜在的利益相关者对企业的价值认同，进一步提升企业利益相关者采取有利于企业的决策行为？为什么很多企业对社会责任采取了积极的态度和行动，但其利益相关者的响应程度和方向却存在巨大的差异，即使不同企业开展同一种形式的社会责任活动得到的利益相关者的响应也不相同，为什么会出现这样的差异呢？企业付出成本和代价开展的各种社会责任活动究竟是如何去影响企业财务绩效的？现有的研究对于上述问题依旧缺乏清晰的解释。

1.1.2 制度背景

与国外大部分企业自愿披露企业社会责任信息不同，我国大部分上市公司披露社会责任报告的主要驱动力来自政府相关部门的政策引导和强制要求。2006 年 1 月，新《中华人民共和国公司法》第五条就明确提出公司要承担社会责任。2006 年 9 月，深交所出台了《上市公司社会责任指引》(以下简称《指引》)，鼓励上市公司建立社会责任披露制度，倡导上市公司将社会责任报告与年报同时对外披露。由于披露是自愿性的，2007 年发布年报时，深市主板约 500 家上市公司中，有 21 家公司公布社会责任报告或在年报中进行专门的披露。2007 年 12 月，深市与泰达联合推出泰达环保指数。2008 年底，深交所又明确要求纳入“深证 100 指数”的上市公司按照《指引》的规定披露社会责任报告。当年强制披露报告的公司包括主板 89 家、中小板 11 家。此外，有 6 家主板公司和一批中小板公司自愿披露了社会责任报告。

2007 年 4 月，中国银行业监督管理委员会上海监管局（以下简称上海银监局）出台《上海银行业金融机构企业社会责任指引》，为我国地方银行业监管当局发布的首部企业社会责任指引。2007 年 12 月，中国银行业监督管理委员会（以下简称中国银监会）办公厅发布《中国银监会办公厅关于加强银行业金融机构社会责任的意见》，提出切实履行社会责任的方向和具体措施，并要求银行业金融机构要定期发布社会责任年度报告。

国有资产监督管理委员会（以下简称国资委）2008年1月发布《关于中央企业履行社会责任指导意见》，这是我国第一个由部委出台的企业履行社会责任规范性文件，对企业社会责任在我国的推广有重要意义。其中提到有条件的企业要定期发布社会责任报告或可持续发展报告，公布企业履行社会责任的现状、规划和措施。次年，170多家央企中有26家向社会公布社会责任报告。

2008年4月，中国工业经济联合会与中国煤炭、机械、钢铁、石化、轻工、纺织、建材、有色金属、电力、矿业等11家工业行业协会、联合会，联合发布《中国工业企业及工业协会社会责任指南》和《关于倡导并推进工业企业及工业协会履行社会责任的若干意见》，明确提出了企业可持续发展八个基本内容。2008年5月1日，《环境信息公开办法（试行）》正式实施生效，进一步规范环保部门和企业环境信息公开工作，强化环境信息公开的责任，明确环境信息公开的范围，疏通环境信息公开的渠道，完善环境信息公开工作的监督和保障机制。

2008年5月13日，上交所发布了《关于加强上市公司社会责任承担工作暨发布〈上海证券交易所上市公司环境信息披露指引〉的通知》，鼓励上市公司披露年度社会责任报告。同年12月31日，上交所在《关于做好上市公司2008年年度报告工作的通知》中，要求三类公司，即“上证公司治理板块”样本公司、发行境外上市外资股的公司以及金融类公司必须披露社会责任报告，同时鼓励其他有条件的公司自愿披露社会责任报告和每股社会贡献值。2009年，上交所有281家公司披露了社会责任报告，8家公司披露了可持续发展报告，1家披露了企业公民报告。在这290家披露社会责任报告的上市公司中，有282家是首次进行披露。按规定必须披露社会责任报告的上市公司258家，包括作为公司治理板块样本的230家公司、在境外上市的50家公司、金融类的21家公司，其他32家是自愿披露。

2008年6月，中国纺织工业协会发布《中国纺织服装企业社会责任报告纲要（2008）》，启动了纺织企业编制可持续发展报告的试点工作。2008年6月山西省工业经济联合会与9家全省性行业协会联合发布《山西省工业企业社会责任指南》。2008年11月29日，上海市质监局发文通知认定《企业社会责任导则》正式成为上海市地方标准，并于2009年1月1日起实施。该标准也是我国首个企业社会责任方面的省级地方标准。为了规范重点企业在清洁生产审核中公布环境信息的行为，山东省环保局、省质量技术监督局发布了地方标准《山东省企业环境报告书编制指南》，在全省开展重点企业环境报告书编制试点工作。

2009 年 1 月 12 日，中国银行业协会发布《中国银行业金融机构企业社会责任指引》，号召金融机构应该承担经济责任、社会责任和环境责任。其中指出，银行业金融机构原则上应于每年 6 月底前向中国银行业协会提交上一年度的企业社会责任报告，同年 5 月发布了《中国银行业社会责任报告》。2009 年 6 月发布实施了由上海市期货同业公会制定完成的《上海地区期货公司社会责任工作指引》，鼓励上海期货经营机构根据相关格式制定社会责任发展规划，明确社会责任目标、定位和行动准则，并倡导上海期货经营机构定期发布年度社会责任报告。在此鼓励引导下，上海辖区已有 15 家期货公司发布“社会责任报告”。

2011 年，广东省发布了《房地产企业社会责任指引》，次年 6 月，广东省房地产行业协会携手万科、珠江实业、合富辉煌、碧桂园、越秀地产、恒大等 13 家房企和深圳房协、佛山房协共同发布了《2011 年度广东省房地产企业社会责任报告》。

2013 年 4 月，深圳市起草实施了深圳市《企业社会责任要求》《企业社会责任评价指南》两个标准文件，这个标准可能是中国第一个参考 ISO 26000《社会责任指南》制定的关于社会责任要求的标准，第一个以地方标准的形式发布的社会责任评价标准。

2014 年 5 月，为规范网络商品交易及有关服务行为，引导网络交易平台经营者积极履行社会责任，保护消费者和经营者的合法权益，促进网络经济持续健康发展，国家工商总局制定了《网络交易平台经营者履行社会责任指引》。

短短十几年时间，我国不同部门、行业和地区出台了大量的政策和指引，鼓励和引导企业积极履行社会责任并披露相关信息。这些政策对我国企业社会责任信息披露实践起到了巨大推动作用。但是，与国外企业自愿披露社会责任信息有所不同的是我国大部分企业是在强制要求下被动披露社会责任信息的。总体来说，企业自愿披露社会责任信息的潮流已逐渐兴起。2009 年 8 月 5 日，上证社会责任指数正式发布，该指数是由社会责任履行方面表现较好的 100 只沪市股票组成样本股。该指数不仅会为投资者提供投资标的，也会对促进上市公司积极履行社会责任，自愿披露社会责任信息起到积极的推动作用。

1.1.3 理论背景

1.1.3.1 战略型企业社会责任

20世纪中期以来，有关企业社会责任的研究在全球范围内兴起。伴随半个多世纪的争议与讨论，企业应该履行社会责任的观念得到广泛认可和接受。企业社会责任的研究焦点也从早期的“企业是否应当承担和应承担哪些社会责任”逐渐转向“企业应该如何承担企业社会责任”。

如今，很多企业领导者经常将企业社会责任挂在嘴边，并热衷于慈善捐助。企业社会责任活动基本停留在做好人好事的阶段，很少有企业将企业社会责任与企业经营活动紧密结合起来。企业无法也不可能承担所有社会责任，企业应选择与自身经营业务有交叉的社会问题来解决，选取的关键不是看该活动是否崇高，而是看是否能创造出共享价值，既有益于社会，也有利于企业，只有这样，企业的社会责任行为才能一直持续下去。过去很多研究从企业基于外在压力被动履行义务的角度来研究企业社会责任，没有触及激发企业主体自身主动行为的深层次原因，未能有效揭示企业履行社会责任的可持续动力源，要解决这一问题，有必要从企业战略的视野研究企业社会责任。

近年来，学者和管理人员开始注重企业社会责任政策和实践的影响以及它们与企业战略的关系。Molteni（2006）认为社会责任是企业战略的一部分，它可以帮助企业管理人员寻找到基于利益相关者期望的创新解决方案。迈克尔·波特（2007）将企业社会责任分为反应型和战略型两类。反应型企业社会责任有两种形式：一是做一个良好的企业公民，参与解决普通社会问题，比如进行公益性捐助；二是减轻企业价值链活动对社会造成的损害，比如妥善处理废物排放。而战略型社会责任的目标则是寻找能为企业和社会创造共享价值的机会，它包括价值链上的创新和竞争环境的投资。履行反应型社会责任虽然能给企业带来竞争优势，但这种优势通常很难持久。只有通过承担战略型社会责任，企业才能对社会施以最大的积极影响，同时收获最丰厚的商业利益。Husted 和 Allen（2000）认为企业社会责任战略如果运用得当，能够创造竞争优势，并且指出战略型社会责任行为和竞争优势之间有一个正相关关系。Wanderley（2010）的研究探讨了社会责任、公司战略与竞争优势之间的关联，并基于资源基础观理论提出战略型社会责任的竞争优势来源（如图1-2所示）。作者认为企业可以通过社会责任活动取得竞争优势并增加价值，但它必须在规划与实施中具有战略管理思维，使企业社会责任与企业战略相联系。在战略制定过程中不仅应考虑到对企业本身的影响，还要考虑对一般利益相关者和社会可能产生的积极和消极影响。

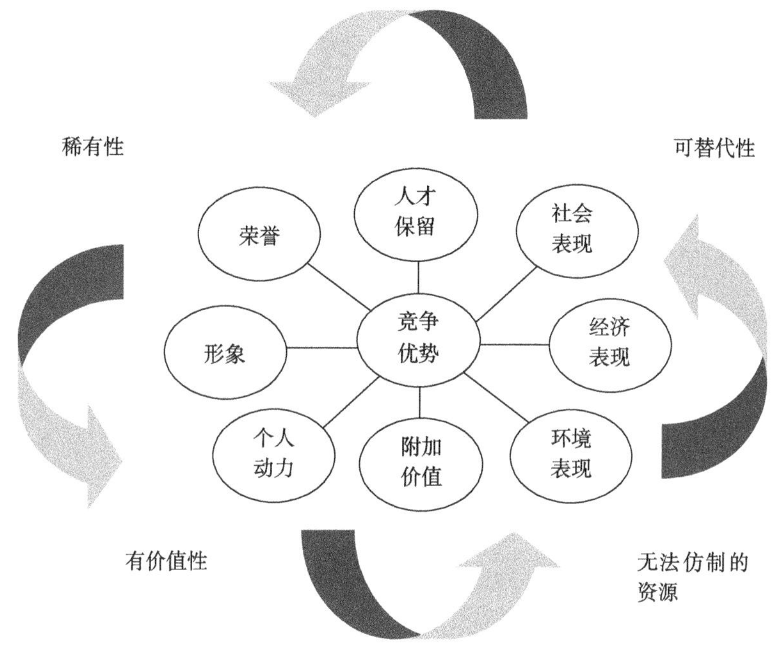

图 1-2 战略型企业社会责任的竞争优势来源

资料来源：Wanderley L S O. Strategic corporate social responsibility management for competitive advantage [J]. Bar Braz. adm. rev, 2010, 7 (3): 294-309

1.1.3.2 声誉管理

声誉在社会实践及经济与管理领域的重要作用很早就被学者所关注。早在 1763 年，经济学鼻祖亚当·斯密就已经意识到声誉是一种保证契约能得以顺利实施的重要机制。Fama（1980）提出了基于经理人市场竞争的声誉激励机制模型，认为即使在没有任何显性激励合同约束的情况下，出于对自己今后职业前途的考虑和迫于外部市场的压力，经理人也同样会选择努力工作来提高自己在经理人市场上的声誉，这种隐形激励机制具有减轻经理人“道德风险”的作用。之后，来自不同领域的学者们对企业声誉及其前提和对企业的影响产生了浓厚的研究兴趣。

企业声誉经常被看作能为企业带来竞争优势的最有价值的无形资产（Deephouse，1997；Fombrun，1998）。Fombrun（1996）将企业声誉定义为企业过去一切行为及结果的综合体现，这些行为及结果反映了企业向各类利益相关者提供有价值产出的能力。Waddock（2000）也主张声誉是组织被感知到的满足利益相关者期望的能力。声誉是基于多重利益相关者期望的观点得到学者们的广泛支持。按照Fombrun和Shanley（1990）的定义，企业社会声誉和嵌入的利益相关者认知都直接受组织活动的影响。这表明企业对其利益相关者群体的行为将被反射为对公司的感性认知，它是影响声誉资本净存量及其价值的一个关键因素（Fombrun，2002）。

当今激烈的市场竞争既是产品质量和人才的竞争，也是企业声誉的竞争。公司声誉强烈的排他性和不可仿制性使之成为企业核心竞争力的重要组成部分，能够给企业带来显著的竞争优势。公司声誉作为一种特殊的无形资产，在企业的日常经营中发挥着重要的作用，良好的公司声誉对一个企业的生存发展至关重要。好的声誉能够加强一个组织的任何行为和声音的能量，坏的声誉会削减其服务和产品的质量。声誉的建立具有长期性，因为公众认知是逐渐形成并需要不断修复的，这需要一定的时间，且在这一过程中，行为主体的任何不良记录都可能导致声誉建立的中断，正因为如此，声誉易损难建。

杰克逊（2006）将公司声誉看作一种生产性的资产，它能够创造财富，声誉带来了一种新资本——声誉资本。企业不仅要开发传统资本，还要充分利用公司的声誉资本。如何开发和维护声誉资本，对声誉资本进行有效管理呢？作者提出了三种途径：一是从由内向外的角度建立声誉；二是部署由外向内的战略；三是按照公司特有的属性配置资源。

声誉管理是从战略层面对公司声誉进行全方位管理，进行持续和一定力度的传播，将公司的价值观、商业模式、产品和服务等及时和准确地传达给各方面的受众。声誉体现的是一个企业受公众信任和认可的程度，其核心在于信任。因此，声誉管理就是对企业声誉的创建和维护，是旨在建立、维持与社会公众的信任关系的一种方法。从心理学、社会学、经济学等多角度来分析，声誉管理的重要性都不容置疑。

1.1.3.3 利益相关者管理

企业社会责任和企业声誉研究也引发了学者对相关利益者管理的探

讨。Clarkson（1995）认为企业需要应对的是利益相关者而非社会，企业社会责任必须区分利益相关者需求和社会问题；企业管理者应专注于利益相关者需求而非抽象的社会政策。管理人员可以解决利益相关者的要求，而不是抽象的社会政策。公司股东、债权人，以及员工、消费者、公司管理层、政府部门、所在地社区等都是公司的利益相关者。公司的财务资源主要来源于股东和债权人，而公司的人力资源、社会资源、环境资源等其生存和发展必需的资源则来源于其他利益相关者。因此，企业要承担维护利益相关者利益的责任并与其利益相关者建立良好的关系，以获取利益相关者长期的信任和支持。

Berman 和 Jones（1999）提出利益相关者管理可以提高财务业绩。Collins 和 Porras（1994）发现正关注于利益相关者关系管理的管理者通常能长期为他们的股东创造更出色的业绩。Graves 和 Waddock（2000）发现能与其主要利益相关者进行良好沟通的企业其财务绩效优于同行。商业环境已经发生了明显改变，这使企业的成功不再依赖于客户的满意度，而是依赖于公司所有利益相关者的满意度。没有考虑主要利益相关者基本利益的企业可能导致股东不愿意投资于公司，客户拒绝购买该公司产品，员工忠诚度下降，供应商也不愿意提供他们的资源，最后，企业将被社会淘汰。因此，企业的长期生存和成功由它建立和保持与整个利益相关者网络关系的能力来决定。全球公司安永会计师事务所 2008 年的调查发现，大多数公司现在明确承认，组织的价值依赖于其与关键利益相关群体关系的质量。

弗里曼（2006）认为企业利益相关者管理的实质是企业与利益相关者关系的管理。为了能够确保长期股东价值最大化，管理人员应尤为注重与关键利益相关者的关系。公司的一举一动与它的每一名利益相关者都有切身联系，谨慎管理公司的运营环境，包括管理好与所有利益相关者的关系，是优秀企业管理的一个重要组成部分。对公司来说，成功管理好利益相关者关系，其价值是显著的。

Knox 等（2005）认为企业需要确定其主要的利益相关者并与之建立牢固的关系，需要在利益相关者之间建立优先次序，并在需求相互冲突的情况下进行权衡。按照这一原则来改善和管理利益相关者的关系，企业则需要将信息及时传达给利益相关者，通过企业社会责任投资活动去影响利益相关者的态度和行为。

企业要与利益相关者建立良好的关系，必须与利益相关者保持对话与沟通。O'Riordan（2008）以制药行业为背景，分析了企业通过企业社会责任活动与其利益相关者进行对话与沟通的过程和影响要素（如图 1-3 所示）。企业可以通过企业社会责任报告披露企业经营活动对社会、环境和经济产生的影响，与利益相关者团体进行沟通和对话，这可以改变内外部利益相关者的感知，以获取他们的支持。未来的企业社会责任报告应从目前的"简单披露"转变为"沟通交流"，与利益相关者展开开放而又诚恳的交流，有助于建立企业与利益相关者之间的信任，从而激励员工、提升企业声誉并获得长久的竞争优势。

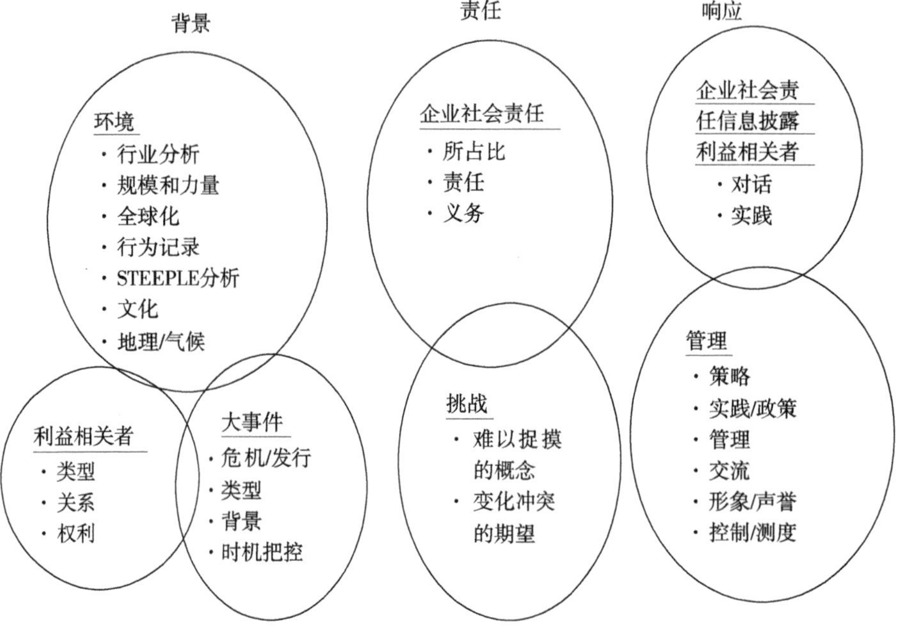

图 1-3 影响利益相关者沟通实践的因素

资料来源：O'Riordan L，Fairbrass J. Corporate social responsibility（CSR）models and theories in stakeholder dialogue［J］. Journal of Business Ethics，2008（83）：745-758

Bandeira（2011）研究在新兴经济体国家背景下，利益相关者互动效应对企业绩效的影响，结果表明利益相关者的相互作用对企业绩效有正向影响。

利益相关者关系管理是企业战略管理活动的一部分，企业与利益相关者建立协同互助的关系，有助于企业实现其战略目标。企业在进行战略规划时，注意利用利益相关者的协同作用，则会帮助企业实现其战略目标。企业应当把利益相关者关系管理作为管理企业价值，提高企业管理水平，为企业及其利益相关者创造财富的一项利益驱动行为。企业不能够只考虑利益相关者的关系，而应把利益相关者关系管理同企业的战略实施过程相结合（黄勇，2004）。

对于企业管理者而言，企业社会责任理论太过模糊，缺乏实用的操作策略，这严重影响了企业社会责任价值目标的实现。而利益相关者管理理论更具有可操作性和实用性，企业对利益相关者的识别使企业可以更好地了解利益相关者的需求、期望和要求。而利益相关者对企业的支持来自于他们对企业的认同。

尽管已有学者从理论上分析了利益相关者关系管理对企业的实际意义，但有关企业如何通过开展各种企业社会责任活动来促进与利益相关者关系的研究还是较为匮乏的。

1.1.3.4 行为意向理论

社会心理学家一直致力于构建相关理论来预测和解释各种情境下人的行为。目前该领域中的意向模型可以作为研究影响人们行为决定因素的理论基础，其中比较经典的是计划行为理论，它是在理性行为理论的基础上扩展而来的。

早在 1975 年，美国学者 Ajze 和 Fishbein 就提出了行为意向研究的理性行为理论（TRA）。理性行为理论针对人的认知系统，阐明了行为态度、主观规范和行为意向与行为之间的因果关系。该理论认为行为的产生直接取决于行为意向。“行为意向”被定义为：在给定的环境中，人们对自己行为的预期，并将其操作化为一个人意向于某行动的可能性。行为意向表明一个人执行某种特定行为的动机，反映出一个人愿意付出多大努力、花费多少时间去执行某种行为。行为意向又受社会因素与个体因素的影响。个体因素是指个人对执行某种行为的积极或消极的评价，即行为态度；社会因素是指个体感知到的身边重要的人对他执行或不执行某种行为所承受的压力，即主观规范。该理论被广泛应用于社会行为研究的各个领域，大量的实证研究验证了它的合理性和正确性。

计划行为理论（TPB）是社会行为研究中最有影响力的理论模型之一，该模型广泛应用于社会学和管理学等领域，成为个体行为学研究领域最为基础的概念模型和理论依据，是 Ajzen 在理性行为理论基础上提出的。计划行为理论模型中各变量关系如图 1-4 所示。Ajzen 和 Driver（1992）认为所有可能影响行为的因素都是经由行为意向来间接影响行为的表现，而行为意向受到三项相关因素的影响，其一是源自于个人本身的态度，即对于实施某项特定行为所抱持的态度；其二是源自于外在的主观规范，即会影响个人采取某项特定行为的主观规范；其三是源自于知觉行为控制。一般而言，个人对于某项行为的态度越正向时，则个人的行为意向越强；对于某项行为的主观规范越正向时，同样个人的行为意向也会越强；而当态度与主观规范越正向且知觉行为控制越强的话，则个人的行为意向也会越强。

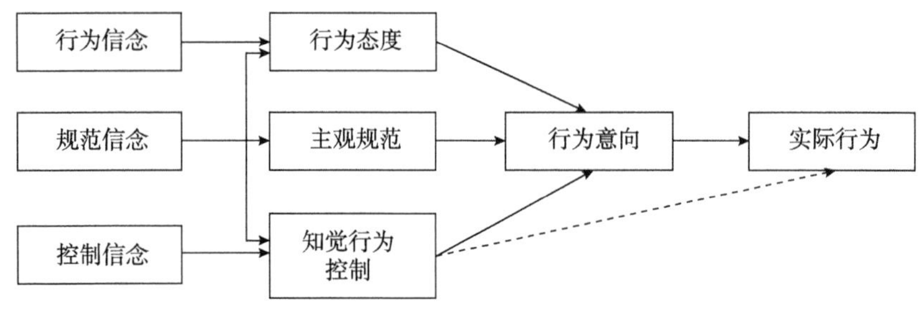

图 1-4　计划行为理论模型

资料来源：Ajzen I，Driver B L. Application of the theory of planned behavior to leisure choice [J]. Journal of Leisure Research，1992（24）：207-224

1.2　研究问题和研究意义

1.2.1　研究问题

尽管有不少研究有助于理解企业社会责任行为对企业声誉和利益相关者的影响，但关于企业社会责任行为如何影响企业声誉的评价，如何作用于消费者、求职者及投资者等企业主要利益相关者的行为响应过程的研究还非常有限。利益相关者对企业社会责任活动响应的前提就是对企业社会责任水平的感知，而感知程度和差异很大程度上依赖于其获取的企业社会责任信息的内容（好消息还是坏消息）、强度、透明度、可信度以及信息传播媒介的差异。企业社会责任信息的披露如何影响利益相关者对企业社会责任水平的感知，进而改变他们对企业声誉的评价？企业社会责任信息会直接影响利益相关者行为意向，还是借企业声誉评价的改变间接影响利益相关者的行为意向？在这个过程中还有哪些因素会起到中介或调节作用？上述疑问正是本书研究的主要问题。

1.2.2 研究意义

本研究是对企业社会责任价值实现路径的探索性研究。本研究在总结和分析企业社会责任政策与实践的基础上，试图去探索企业社会责任报告对行为决策产生影响的潜在原因和路径。本书提出了一个企业社会责任价值分析的理论框架，分析了社会责任信息、企业声誉及利益相关者行为意向之间的关系。本书对企业的社会责任信息披露理论和实践的重要意义体现在以下三个方面。

1.2.2.1 为企业社会责任价值研究提供了一个新的理论分析框架

企业社会责任行动如何对企业财务绩效产生影响？也就是说，社会责任对企业财务绩效的影响路径是怎样的？这正是本书试图探究和检验的关键问题。本书提出一个系统的理论分析框架。在企业社会责任——财务绩效实现路径中，重点分析了社会责任信息、企业声誉、利益相关者行为意向等中间变量的作用。社会责任对企业价值的影响是一个长期而又复杂的过程，在这个过程中会受到很多已知和未知因素的影响，作用的机理尚不明确，这也是早期研究结论相互矛盾的根源所在。过去大量的实证研究都在验证社会责任与财务绩效这两个变量的直接关系，而忽略了上述三个变量可能造成的影响。本书关注企业社会责任信息披露与传播的重要作用，提出企业的社会责任行为及活动首先需要通过社会责任信息披露和传播影响利益相关者对企业社会责任表现的感知和评价，这种感知和评价可能会直接影响利益相关者的行为意向，如求职者的求职意向，消费者的购买意向及投资者的投资意向，同时，这种感知和评价也会影响企业的社会声誉，其社会声誉又会进一步影响更多利益相关者的行为意向。而企业利益相关者的行为意向最终导致了影响企业价值的决策行为。从企业的社会责任行为、利益相关者决策行为到最终影响企业财务绩效的过程中，社会责任信息的披露和传播是一个不可或缺的重要环节。社会责任信息的透明度、可信度，信息的传播媒介等都可能对企业声誉以及利益相关者的响应程度和走向产生影响。

1.2.2.2 丰富了有关企业社会责任信息披露的经济效果研究

过去大量有关社会责任信息披露的研究聚焦于企业披露社会责任信息的前因，而对于企业披露社会责任信息后果，即企业能从社会责任信息披露中获得哪些效应的论述尚不明确，没有形成个一个较为系统的分析框架，更难以解答如何披露社会责任信息更有利于实现披露效应。本研究从企业声誉和利益相关者行为意向的角度，通过深度访谈、调查问卷、实验研究等多种研究手段，调查了公众对企业社会责任信息的反应。此研究有利于推动社会责任信息披露理论的丰富与发展，并为学者们的今后研究开辟新的研究思路。

1.2.2.3 有利于指导企业社会责任信息披露实践活动

我国企业已经意识到披露社会责任信息的必要性，越来越多的企业开始定期发布社会责任报告。但是，相对于披露数量的飞速增长，企业社会责任报告质量良莠不齐，总体水平不高。不少上市公司未将企业社会责任纳入企业战略管理目标，没有将企业社会责任战略思想融入企业的日常经营管理活动，更没有设置专门的部门或人员管理企业社会责任活动。这些企业迫于政府强制性披露的要求，随意套用社会责任报告披露规范和要求，社会责任报告的编写只是应付了事，有的报告中通篇是无关企业社会责任实际绩效的词藻堆砌，却难寻有价值的信息。这种报告非但不利于实现企业社会责任信息的披露效应，甚至可能会破坏企业声誉和影响利益相关者采取不利于企业的决策行为。

国内外有关企业社会责任信息披露问题的研究，大部分仍是有关社会责任信息露与企业价值的关系研究，这类研究结果仍然混乱不清，这必然不利于指导企业社会责任信息披露实践。本研究从信息传播角度论证了企业社会责任信息、企业声誉、相关利益者行为意向之间相互影响的关系，有利于改变企业管理者对企业社会责任价值的错误认知，对企业将社会责任战略化，重视企业社会责任信息披露与传播工作，提高企业声誉管理和利益相关者沟通和管理水平提供了有益的理论指导。

1.3 研究目的和创新点

1.3.1 研究目的

本研究旨在探讨企业社会责任信息的披露与传播对企业声誉及利益相关者行为意向的影响，并验证企业落实社会责任上的成效如何通过企业声誉来影响利益相关者对企业的感知与认同，进而影响其求职、购买、投资时寻找目标企业的决策。研究在文献回顾和深度访谈的基础上，构建企业社会责任信息、企业声誉和利益相关者行为意向三者之间关系的概念模型，设计了符合本研究的概念量表，通过实验设计和调查问卷获取数据，并对数据进行分析和路径检验，以期解决下述问题：①检验企业社会责任信息对企业声誉的直接影响；②检验企业社会责任信息对利益相关者行为意向的直接影响；③检验企业声誉对企业社会责任信息与利益相关者行为意向关系的中介作用；④检验企业社会责任价值认知、企业社会责任信息可信度和关注度在企业社会责任信息与企业声誉、利益相关者行为意向关系中的调节作用。

1.3.2 研究的创新点

一是本研究构建了一个社会责任信息、企业声誉、利益相关者行为意向关系的理论分析框架。目前，在对企业社会责任结果变量的研究中，探讨最多的是企业绩效，而关于社会责任信息披露的研究也主要集中于社会责任披露动因以及社会责任信息与企业绩效关系问题，从声誉和利益相关者行为意向视角去研究社会责任信息披露的效应和价值的研究尚不多见。本研究关注企业社会责任价值实现的过程和中间环节，着重探讨企业社会责任信息披露与传播的重要作用，构建了一个社会责任信息、企业声誉、利益相关者行为意向关系的理论分析框架，并对三者之间的关系进行验证分析，探析利益相关者对信息的感知、态度的内在作用机制。

本研究提出社会责任信息直接影响了利益相关者对企业社会责任状况的知晓、感知和评价。首先，企业利益相关者对企业社会责任绩效的评价基于他们获取的有关企业社会责任的信息。而社会责任信息数量、内容、性质以及传播媒介都会影响利益相关者的知晓程度和感知评价。企业正面的社会责任信息披露和传播可能带来利益相关者正面的评价，负面信息可能产生负面的评价。信息的可信度会调节信息的影响程度。好消息和坏消息因为披露和传播媒介不同，其可信度会不同，其影响也存在差异。其次，利益相关者对企业社会责任的感知和评价直接影响了企业声誉。最后，企业声誉的好坏会影响到利益相关者的行为意向。企业的利益相关者最终采取的行动产生影响企业价值的经济后果。

二是在社会责任信息披露效应的研究中引入了利益相关者行为意向作为结果变量而非利益相关者实际行为。如果一个公司没有明显地将企业社会责任投资与其利益相关者行为改变联系起来的话，企业社会责任支出可能会随着时间的推移变得越来越容易受到批评。企业社会责任的研究者和实践者都期望企业社会责任投入能够获得利益相关者的支持和回报。而现实中，利益相关者的行为决策（购买、求职和投资决策等）受到很多因素的影响，研究者很难将观测到的行为结果归因于企业社会责任表现。本研究在计划行为理论基础上，借鉴心理学研究方法，采用实验方法和情景设计来观察利益相关者对不同企业社会责任信息的感知和反应差异。

1.4 研究思路、研究方法及技术路线

1.4.1 研究思路

本书的研究主题为探讨企业社会责任信息的披露与传播对企业声誉及利益相关者行为意向的影响，分析企业落实社会责任的成效如何通过信息的披露与传播去影响利益相关者对企业社会责任的感知与认同，进而影响利益相关者对企业声誉的评价，从而促进利益相关者求职、购买、投资时寻找目标企业的决策。尽管研究企业社会责任信息披露效应的文献很多，但大部分研究集中在直接检验企业社会责任信息的经济后果，对于研究企业社会责任信息披露效应机理的文献还较为匮乏，从企业声誉及利益相关者行为意向视角探究企业社会责任信息披露效应的研究尚处在萌芽期。由于本研究涉及行为心理学的范畴，很多变量无法直接观察到，因此，本研

究借鉴心理学研究中经常采用的实验研究方法，通过情景设计操控企业社会责任信息这一解释变量，并在实验中控制了企业规模和财务绩效变量，来观察受访者对不同性质企业社会责任信息的反应。为了提高调查问卷的有效性，为后续定量研究分析奠定更好的基础，作者在定量研究之前还进行了深度访谈。在访谈过程中，对研究问题进行了面对面的调查，并对调查问卷进行了预试。最后，通过调查问卷获取研究数据，通过定量研究方法进行各种统计上的检验和分析，以期研究假设获得数据上的支持。

1.4.2 研究方法

本书主要使用定性研究和定量研究两大类研究方法。

一是定性研究方法。深度访谈是一种研究性交谈，是研究者通过口头谈话的方式从被研究者那里收集或者构建第一手资料的一种研究方法。深度访谈法包括个别访谈和集体访谈两种形式。个别访谈指的是研究者向一位被调查者进行访谈，通过两个人之间的个人互动对研究的问题进行探讨；集体访谈指的是一到两个研究者同时对一群人进行访谈，通过群体成员相互之间的互动对研究的问题进行探讨。焦点小组访谈是一种最常见的集体访谈形式。在本研究的定性研究部分，使用个别访谈形式。本次研究通过访谈期望了解企业的潜在利益相关者对企业社会责任信息价值认知度，包括对企业社会责任内涵的理解、认知；获取企业社会责任信息渠道；了解公众接收到不同企业社会责任信息时，作为消费者、求职者和投资者等潜在利益相关者，其购买选择、品牌认可、求职倾向、投资意愿等是否会发生变化。

二是定量研究方法。本研究的定量研究部分数据的收集主要使用实验研究和问卷调查研究法。实验研究（Experimental Study）方法的特点是可以操纵或改变一个变量，观察这种操纵或改变对另一个变量所造成的影响，在此基础上揭示变量之间的因果关系。本研究主要探究企业社会责任信息对企业声誉及利益相关者行为意向的影响。研究者希望看到被访者对企业社会责任信息的直观反应和评价，但是我们很难要求受访者事先阅读完整的企业社会责任报告。事实上，本研究调查发现公众很少主动阅读企业社会责任报告，对企业社会责任相关信息主要是通过网络被动获知的。因此，本研究采用了类似实验研究方法，通过情境设计来确认企业社会责任信息变量。研究者通过控制不同性质的社会责任信息，来观察阅读了不同性质的社会责任信息后受访者对企业声誉评价及其行为意向是否存在显著差异。在此研究中，利益相关者行为意向研究偏于心理学研究。在心理学研究中，实验研究是应用最广泛、所获成果最切实可靠的一种途径（舒华、张亚旭，2008）。

本研究设定了一家虚拟家电制造企业，并提供该虚拟企业的有关企业社会责任方面的信息。选择家电制造企业的主要原因是与被调查者生活相关，信息关注度可能会更高。情境设计中提供了不同性质的企业社会责任信息，包括好消息和坏消息。企业社会责任信息是研究者从真实的家电企业社会责任报告、公司官网及公众媒体上摘选的。信息内容包括产品质量、环境保护、慈善捐助、员工培训与安全等方面。

问卷调查研究是当前普遍使用的一种量化的社会研究方法，主要包括抽样、问卷设计、调查实施、数据处理等几个步骤。本书在吸收这些相关研究的基础上，设计了问卷中的一些问题对本研究的有关变量进行测量。作者设计了两份调查问卷，两份问卷仅情景设计部分提供的企业社会责任信息不同，一份问卷提供的是企业社会责任方面的好消息，一份问卷则是坏消息。本研究所有变量的测量都采用李克特 5 级量表衡量，依据填表者个人主观感受来表示同意程度，由非常同意至非常不同意，分别给予 5 分至 1 分。

探索性因子分析主要是为了找出影响观测变量的因子个数，以及各个因子和各个观测变量之间的相关程度，以试图揭示一套相对比较大的变量的内在结构。研究者的假定是每个指标变量都与某个因子匹配，而且只能通过因子载荷凭知觉推断数据的因子结构。

探索性因子分析是在事先不知道影响因子的基础上，完全依据样本数据，利用统计软件以一定的原则进行因子分析，最后得出因子的过程。本研究中，企业社会责任价值认知和企业社会责任信息关注度变量在现有文献中未找到成熟的量表，所以，作者自己设计了量表问题。由于对这两个变量的概念结构不清楚，因此，采用探索性因子分析对量表的构建效度和信度进行了分析和检验。

验证性因子分析是根据一定的理论对潜在变量与观测变量间的关系做出合理的假设并对假设进行统计检验的一种统计方法，其主要目的是探究事先定义的因子模型与实际资料的拟合能力，以检验观测变量的因子个数和因子负荷是否与预先建立的理论预期一致。在本研究中，企业声誉、购买意向、求职意向、投资意向变量都是无法直接观察到的潜变量。在现有文献中，很多学者对上述潜变量的概念及测量进行过研究，并发展出较为成熟的量表，因此，本书直接采用验证性因子分析（CFA）方法，对每个潜变量的测量模型进行检验。数据分析采用 AMOS21 软件处理。

独立样本 t 检验适合于两个群体平均数的差异检验，其自变量为二分变量，因变量为连续变量。本研究假设不同性质的企业社会责任信息对企业声誉、购买意向、求职意向和投资意向的影响是存在显著差异的，而且正面的企业社会责任信息比负面的企业社会责任更有可能提高企业声誉、购买意向、求职意向和投资意向。在类似实验研究中，研究者设计了两份情景资料，一份是正面的企业社会责任信息，另一份是负面的企业社会责任信息，受访者任意选择其中的一份。为了控制其他关键要素对因变量的影响，情景设计中控制了企业规模和企业利润因素。在此研究中，自变量企业社会责任信息为二分类别变量，分为正面信息和负面信息，因变量企业声誉、购买意向、求职意向和投资意向均为连续变量，因而采用独立样本 t 检验方法。

路径分析的主要目的是检验一个假想的因果模型的准确和可靠程度，测量变量间因果关系的强弱。本研究采用路径分析方法检验企业社会责任信息、企业声誉与利益相关者行为意向之间的关系。本研究综合使用 SPSS21.0 和 AMOS21 软件进行数据分析检验和分析。

中介变量是一种由自变量引起并通过其影响因变量的变量，即自变量（X）通过中介变量影响因变量（Y）。引入中介变量的意义在于揭示自变量对因变量影响的原因和作用机制。本研究采用依次检验回归系数法（Baron 和 Kenny，1981），检验企业声誉是否在企业社会责任信息与行为意向关系中发挥中介作用。

本研究采用层次回归法对企业社会责任价值认知、企业社会责任信息可信度和企业社会责任信息关注度对企业社会责任信息与企业声誉、利益相关者行为意向关系的调节效应进行检验。

1.4.3 技术路线

研究的第一阶段是文献梳理阶段。主要对有关企业社会责任信息披露、企业声誉及利益相关者行为意向关系的文献进行回顾和总结。

研究的第二阶段是构建理论模型。在文献回顾的基础上，基于企业声誉、行为意向相关理论，理清企业社会责任信息、企业声誉与利益相关者行为意向之间的关系及影响机理，在此基础上构建本书的理论模型，并提出研究假设。

研究的第三阶段是定性研究和定量研究。首先，采用深度访谈方法，对研究问题进行调查，为后续调查问卷的设计提供第一手的资料。结合实验设计方法设计量表和问卷，利用调查问卷获取的数据进行定量分析。定量分析过程主要采用验证性因子分析方法检验变量量表的信度和效度，用独立样本 t 检验的方法验证社会责任信息实验结果，运用路径分析方法检验企业社会责任信息、企业声誉及行为意向之间的关系，用依次检验回归系数的方法（Preacher 和 Hayes，2004）检验企业声誉在企业社会责任信息与行为意向之间是否存在中介效应，采用层次回归法对企业社会责任价值认知、企业社会责任信息可信度和关注度的调节效应进行检验。

研究的第四阶段，综合定性研究和定量研究的研究发现，得出研究结论，并进行讨论，如图 1-5 所示。

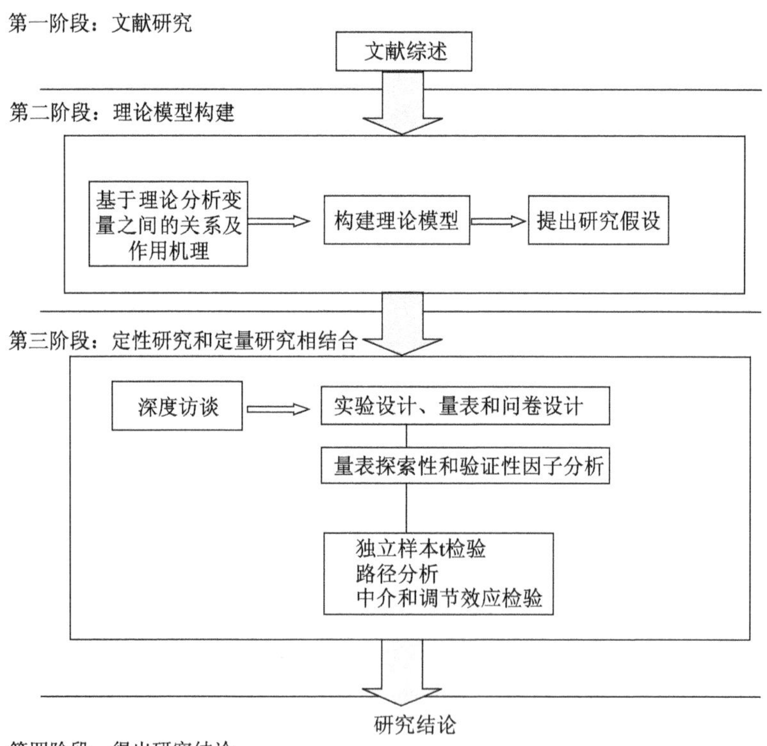

图 1-5 研究的技术路线

1.5 本书的主要内容和框架结构

本书共分为六章，具体内容如下。

第 1 章：绪论。本章主要对研究背景、研究意义，研究主题与研究创新、研究方法与主要内容进行简要介绍。

第 2 章：文献综述。本章是理论研究基础，主要对本研究中的企业社会责任信息、企业声誉及利益相关者行为意向方面的研究进行综述梳理，并对上述研究做了相关评述。

第 3 章：理论模型与研究假设。本章主要根据上一章的文献综述，进一步深入整理分析，提出本书的理论框架和研究假设，这是本书的核心部分。

第 4 章：研究方法与研究设计。本章主要介绍了本书采用的研究方法及研究设计过程。首先，介绍了深度访谈的过程并对访谈结果进行了详细分析；其次，阐述了实验研究的情景设计思路；最后，对量表和问卷设计程序和内容进行了说明。

第 5 章：实证分析与讨论。本章主要通过对问卷调研收集到的数据进行分析，利用探索性因子分析和验证性因子分析方法检验潜变量量表的信度和效度，通过独立样本 t 检验对实验设计结果进行分析，采用路径分析方法检验企业社会责任信息与企业声誉和行为意向之间的直接效应，采用依次检验回归系数的方法验证了企业声誉在企业社会责任信息与行为意向之间的中介效应，采用层次回归法对企业社会责任价值认知、企业社会责任信息可信度和关注度的调节效应进行检验。

第 6 章：结论与建议。本章对实证检验的结果进行总结，概括了本书的主要研究结论，分析了本书研究的理论和实践意义，最后提出了研究局限和未来研究的展望。

本书的内容框架如图 1-6 所示。

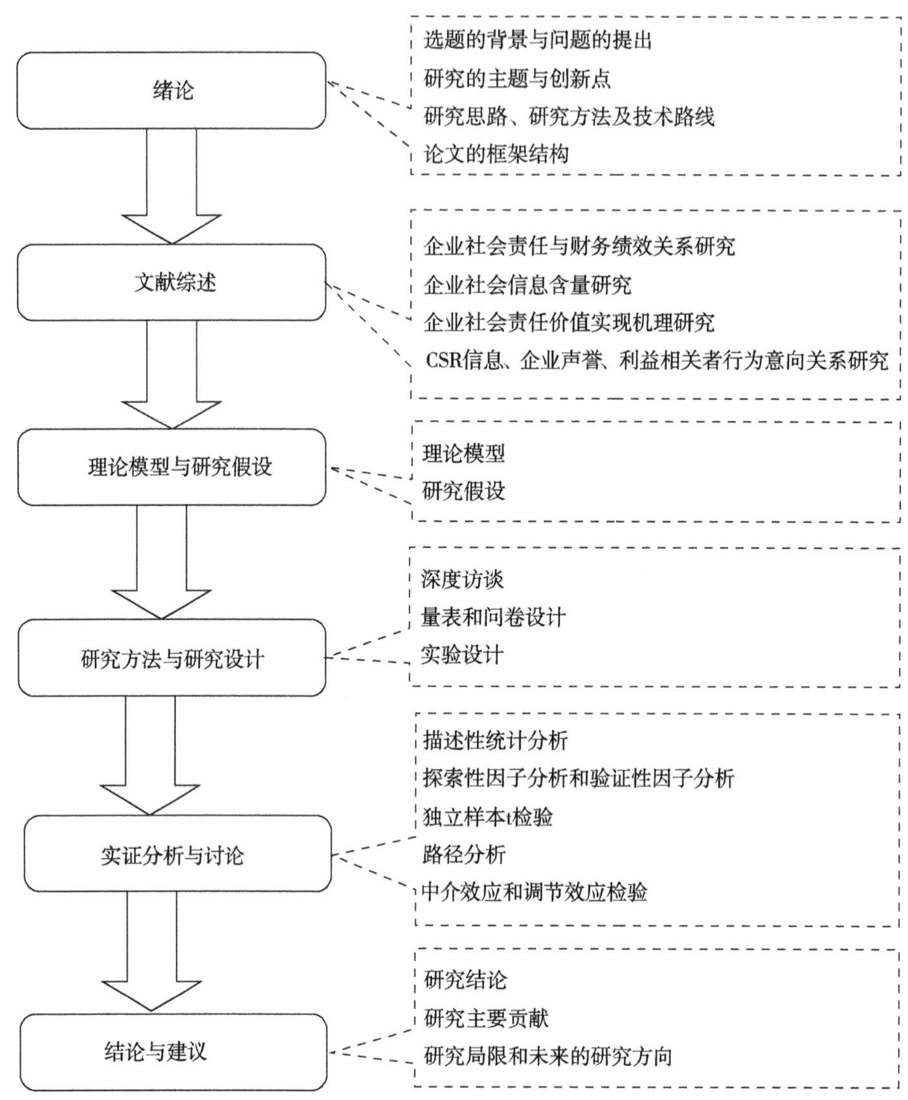
绪论
选题的背景与问题的提出
研究的主题与创新点
研究思路、研究方法及技术路线
论文的框架结构
文献综述
企业社会责任与财务绩效关系研究
企业社会信息含量研究
企业社会责任价值实现机理研究
CSR信息、企业声誉、利益相关者行为意向关系研究
理论模型与研究假设
理论模型
研究假设
研究方法与研究设计
深度访谈
量表和问卷设计
实验设计
实证分析与讨论
描述性统计分析
探索性因子分析和验证性因子分析
独立样本t检验
路径分析
中介效应和调节效应检验
结论与建议
研究结论
研究主要贡献
研究局限和未来的研究方向

图 1-6　本书内容框架

2 文献综述

有关企业社会责任与财务绩效关系的研究一直是社会责任研究领域的重要内容，但大量的研究结果却相互矛盾，无法统一，这引发了学者对企业社会责任价值机理研究的更多思考。本章首先对企业社会责任与财务绩效关系研究进行了评述，进而简要回顾了有关企业社会责任信息含量及企业社会责任价值实现机理的研究文献，接着对企业社会责任信息、企业声誉及利益相关者行为意向关系的相关文献进行了梳理与评析。

2.1 企业社会责任与财务绩效关系研究

企业社会责任作为企业成长发展中的重要问题被越来越多的国内外学者所关注。其中，对于企业社会责任与财务绩效关系的实证研究一直是社会责任研究领域的热点和最具争议的话题。研究者们一直期望获取更多的实证结果，为企业社会责任思想提供有力的经验证据，但结果并不理想。

自20世纪70年代以来，有关企业社会责任与财务绩效关系的研究众多，但结论却是模糊不清，相互矛盾的（Mishra和Suar，2010）。现有研究文献中，两者关系正相关、不相关、负相关甚至U形相关的结论同时存在。支持企业社会责任和企业财务绩效正相关的研究占据主流地位（Parket 和 Eilbirt，1975；Cochran 和 wood，1984；Jonson 和 Greening，1994；Frooman，1997；Rynes、Schmidt 和 Orlitzky，2003；Harjoto 和 Jo，2008；Bakar和Ameer，2011；Tang、Hull和Rothenberg，2012；温素彬和方苑，2008；李正，2006）。但也有研究发现二者之间无关或没有结论（Folger 和 Nutt，1975；Freedman 和 Jaggi，1988；Pava 和 Krausz，1996；

McWilliams 和 Siegel，2001；Najah 和 Jarboui，2013）或负相关（Vance，1975；Hill、Kelley 和 Agle，1992）。

McGuire 等（1988）首先打破这种传统做法，用过去的财务绩效与随后社会责任活动来评估企业社会责任与财务绩效之间的因果关系。研究发现财务绩效较高、风险较低的公司可能更容易采用对社会负责任的方式行事。作者认为企业社会责任并不会造成财务绩效的增强，企业社会责任的水平取决于其可用的财务资源。Balabanis 等（1998）测试了企业社会责任和以前、现在、未来的财务绩效的关系，研究结果佐证了松弛资源理论。他们认为，企业社会责任与财务绩效互为因果关系，更好的财务绩效可能会导致企业社会责任水平的提高，更好的企业社会责任绩效也会改善财务绩效。Orlitzky（2005）也提出了类似的观点。如果将企业社会责任看作成本，那么，只有那些过往财务绩效较好的企业在未来才更有可能愿意吸纳这些成本。由此推测，财务绩效较差的企业可能更倾向于短期内有高回报的投资而非长期收益不确定的社会责任投资。尽管没有明确的证据表明企业社会责任对公司绩效会产生消极影响，但企业社会责任对财务绩效的积极影响仍然模糊不清，企业社会责任提升绩效表现的机制也没有深入人心。

由于有关企业社会责任与财务绩效的研究结果混乱不清，越来越多的学者对直接探究两者关系的研究方法产生了质疑（Wood 和 Jones，1995；Griffin 和 Mahon，1997；Walsh，2003；Alafi 和 Hasoneh，2012；Galbreath 和 Shum，2012）。他们认为企业社会责任与企业财务绩效之间的关系是复杂的，过去研究结论混乱且不稳定的原因之一是受研究方法的影响，但更重要的是很多研究忽略了两者关系中可能存在的许多其他中介及调节因素。研究者们也缺乏一个能阐明企业社会责任和公司财务绩效两者之间是如何产生联系的理论。

虽然有很多文献支持企业社会责任对提升财务绩效有积极作用，但对积极作用的产生机制尚未深述。既然多数研究成果表明企业社会责任水平与财务绩效存在正向关系，那为什么很多企业不愿意积极承担社会责任？在企业社会责任理论逐渐融合后，企业社会责任实证的矛盾却依然没有解决。这些文献没有深入探讨其中的原因。由此可见，确定企业社会责任与财务绩效之间的关系是一个非常艰巨的任务。然而，如果想要企业管理者自愿主动地去承担更多的社会责任，似乎两者关系的确立又是一个非常重要的问题。企业经营者总是质疑并经常否决那些会有积极效果的社会责任投资，因为他们认为这些社会责任投资不仅无法提升企业财务绩效甚至可能会降低企业财务绩效。很多学者指出从长远角度讲，企业社会责任能够提升企业的竞争力，并表明企业承担企业社会责任与财务绩效有着积极的关系，这被形容为企业社会责任的“圣杯”。企业社会责任与财务绩效的关系代表了企业社会责任最受争议的焦点，尽管很多研究观点对企业社会责任与财务绩效的关系持赞同意见，但是这两者的联系并没有完全建立。与此同时，通过企业社会责任，财务状况得到改善这种现象背后的机制并没有被很好地理解。学者们对于企业社会责任和财务绩效关系这一看似无休止的乏味的研究持续了很多年之后，越来越多的学者开始放弃直接验证两者关系，转而研究对两者关系产生影响的更多其他因素，社会责任价值研究视角也越来越丰富和多元化。

2.2 企业社会信息含量研究

对于企业社会责任的实证研究中，很多研究将企业社会责任信息作为企业社会责任的替代变量。因此，企业社会责任信息含量研究特别受到会计领域学者的关注。社会责任信息含量的研究也始于 20 世纪 70 年代，研究侧重于信息的市场反应和社会责任报告对需求者的决策价值，研究结论同样也是不一致的。Bowman 和 Haire（1976）通过实证检验，发现企业在实际工作中所承担的社会责任与企业所披露的内容是正相关的。Shane 和 Spicer（1983）通过事件研究来检验市场对社会责任信息的反应，研究结果是企业环境信息会影响股票的超常收益率。Milne 和 Patten（2002）通过问卷调查方法，使用 76 个来自美国实务界的会计师来替代投资者，考察他们对企业社会责任信息披露的反应。结果表明，从长期来看，多数人对那些尽管环境业绩差、但是披露充分的公司给予较多的投资，在短期投资方面，结果却是相反的。McPeak 等（2008）分析发现股票价值与企业对社会责任信息披露两者显著正相关。Bidhari 等（2013）研究结果显示企业社会责任信息披露对资产回报率（ROA）、股本回报率（ROE）和销售回报率（ROS）等财务绩效指标有影响，并对托宾 Q 值来衡量的公司价值也有影响。也有研究发现企业社会责任信息披露水平与权益资本成本之间显著负相关（Reverte，2012；Dan et al，2014）。

国内学者借鉴国外有关企业社会责任信息含量的研究方法，以国内企业为研究样本，做了不少类似研究。早期的研究结果发现我国企业社会责任信息没有信息含量，其决策价值很低，只有少量公共关系价值（陈玉清、马丽丽，2005；宋献中、龚明晓，2007）。这样的研究结果与当时我国企业社会责任信息披露现实状况一致。2007年之前，我国发布企业社会责任报告的上市公司凤毛麟角，研究者只能从上市公司会计年报中找到少量能界定为社会责任范畴的信息，社会责任信息披露数量和质量都直接影响了社会责任信息披露的市场反应。2007年之后，我国企业社会责任信息披露实践迅猛发展，越来越多的上市公司开始发布独立的企业社会责任报告，企业社会责任报告不仅在数量上稳步提升，报告的质量也不断提高，这也为研究者提供了更多研究机会，这一时期，国内涌现出很多关于我国企业社会责任信息含量的研究。沈洪涛、杨熠（2008）检验企业的社会责任信息与企业股票的关系，研究发现社会责任信息与股票价格正相关。朱雅琴、姚海鑫（2010）的实证研究结果发现，企业对政府和职工的社会责任信息披露与企业价值显著正相关；而企业对投资者的社会责任信息披露与企业价值显著负相关；企业对供应商的社会责任信息披露与企业价值关系在统计上不显著。但是，刘冬荣等（2009）的研究则发现我国上市公司社会责任信息披露情况与企业价值相关性不明显。刘想和刘银国（2014）的实证研究结果表明企业承担社会责任不利于短期利益，但可以提高企业的长期价值。不同所有权性质和不同地区的上市公司在社会责任信息披露成本和效益上有差异。

国内的不少研究认为社会公众主动获取社会责任信息的意愿并不强烈，加之我国企业社会责任信息报告包装过度、披露内容空泛，社会公众对信息的可信度存有很多质疑，他们也无法根据企业披露的信息判断其真正履行社会责任的程度和效果。实证研究也发现企业披露的社会责任信息价值不高。Jian-Jun等（2013）以我国上交所民营企业为样本进行了实证分析，结果显示企业社会责任信息披露与股票市场价格显著负相关。

国外学者对于社会责任信息披露的经济后果研究起步比较早，研究多采用实证研究方法，研究成果也很丰富。国内学者有关企业社会责任信息价值的研究起步晚，在研究方法和思路上大多沿袭了国外的研究。大量研究以公司价值作为企业社会责任信息披露的经济后果，直接检验企业社会责任信息的不同内容或企业社会责任信息披露水平与公司价值的因果关系。公司价值变量多基于资本市场的数据采用托宾 Q 模型来衡量。这样的研究方法过于简单，完全忽略了信息披露与传播效应中其他中间变量的影响，其研究结论也让人质疑。

2.3 企业社会责任价值实现机理研究

根据 Walsh（2003）的观点，太多的研究已经聚焦于在企业社会责任与财务绩效之间建立链接，而并没有关注关系实质。企业社会责任与财务绩效之间存在正相关关系并不意味着一个公司履行企业社会责任就能够获得改善财务绩效的结果。企业社会责任和企业财务绩效之间的关系已经被大量研究过，但是，企业有关社会责任如何带来更好的企业财务绩效表现的理论研究相对较少。现有的文献缺乏对于企业社会责任和财务绩效具体关系的深度理解。在反思企业社会责任和财务绩效关系研究之后，更多的学者开始关注于探索企业社会责任价值实现机理和路径研究并取得了一些研究成果。

Maklan 和 Knox（2003）的研究构建了一个企业社会责任理论框架（如图 2-1 所示），探讨了企业社会责任计划、利益相关者关系与企业社会责任计划的社会和商业成果之间的关系。作者提出的框架要求从根本上重新评估许多企业社会责任的政策和做法。从政策角度来看，企业社会责任的领导人和其他管理者需要在企业社会责任愿景、执行人以及如何去测量和报告企业社会责任绩效等方面达成共识。这一过程将迫使高级管理层考虑公司的独特竞争力，确定他们如何利用企业社会责任的不同社会和经济后果。实现这一愿景的最佳实践需要预测利益相关者行为、管理综合风险及评估社会成果。

Knox 等（2005）基于 Maklan 和 Knox（2003）理论框架进行了进一步的探索性研究，分析了 FTSE 指数公司报告的利益相关者关系的本质，以及企业重视利益相关者沟通对实现企业社会责任的社会和商业成果的重要性。研究发现越大的 FTSE 指数公司，尤其是开采和电信公司，越擅长于

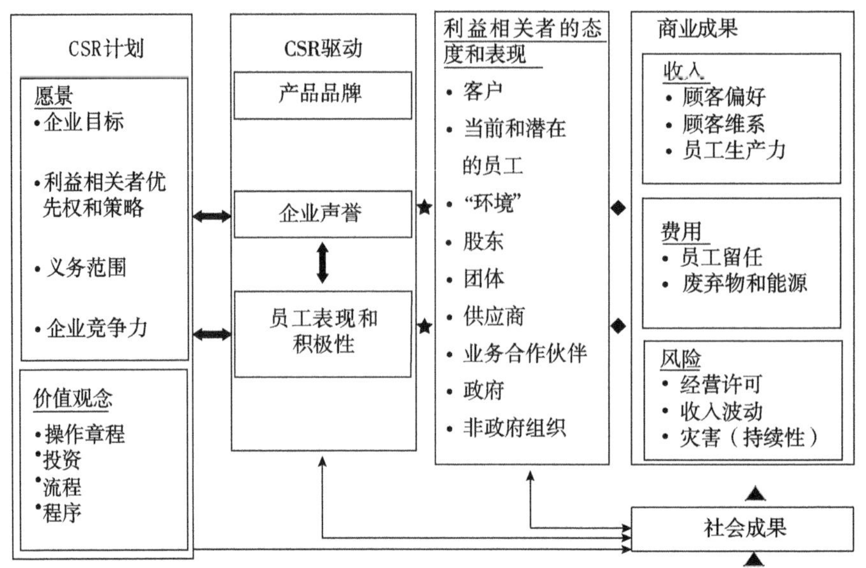

图 2-1 企业社会责任框架

资料来源：Maklan S，Knox S D CSR at The Crossroads ［M］. London：Edelman，2003

鉴别和优先选择重要的利益相关者，并且将企业社会责任计划与商业和社会成果相连接。研究者认为目前对于大多数公司而言，通过企业社会责任计划建立（除了与客户之外的）更强大的利益相关者关系不是一个优先的选择。因为，管理多元主体利益相关者关系过于复杂性，可能会弱化企业社会责任对企业业务和社会成果方面的影响。这一研究为通过企业社会责任计划处理利益相关者关系问题提供了经验证据。

Peloza 和 Papania（2008）基于利益相关者认同的视角提出了一个企业社会责任与企业财务绩效的框架（如图 2-2 所示），指出利益相关者对企业社会责任行为的评价（正面、中立或负面）会影响利益相关者对企业采取行为的差异（支持、中立或惩罚），最终，利益相关者的行为差异导致了企业财务绩效变化（提升、无变化或降低财务绩效）。

Bhattacharya 等（2009）提出了一个概念模型（如图 2-3 所示）来解释企业社会责任如何为企业创造来自于利益相关者的诸多好处，包括功能性收益、心理方面的价值，以及通过企业社会责任倡议活动来影响利益相关者与企业关系的质量最终能为企业带来好处的类型和程度。

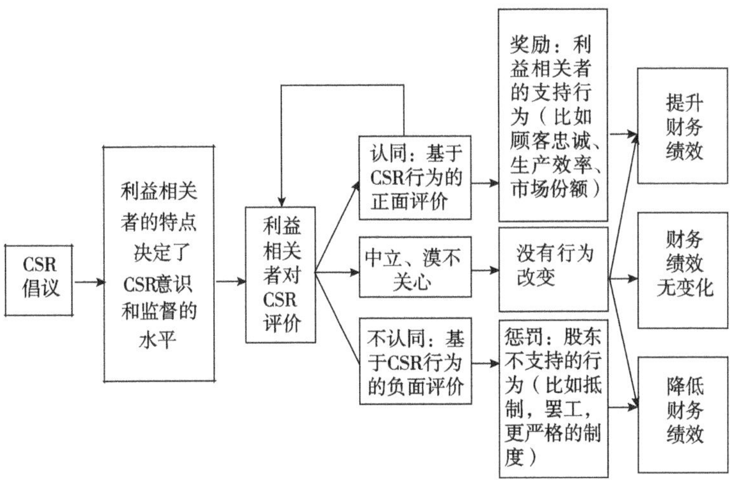

图 2-2 利益相关者的特点和认同框架

资料来源：Peloza J，Papania L. The missing link between corporate social responsibility and financial performance：stakeholder salience and identification ［J］. Corporate Reputation Review，2008，11（2）：169-181

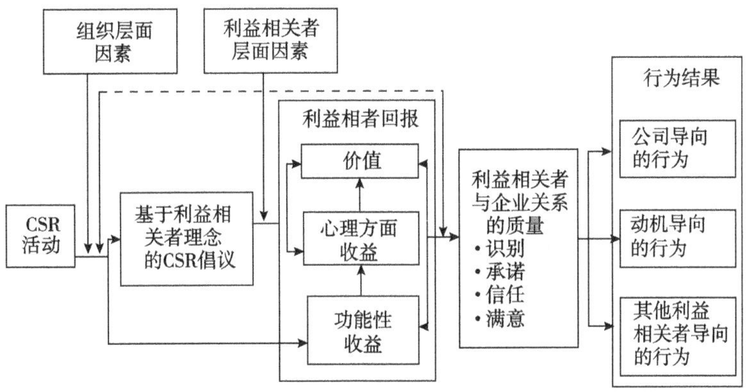

图 2-3 理解利益相关者对于企业社会责任的反应的一个模型

资料来源：Bhattacharya C D，Orschun D K，Sen S. Strengthening stakeholder-company relationships through mutually beneficial corporate social responsibility initiatives ［J］. Journal of Business Ethics，2009（85）：257-272

Chong 等（2010）提出了一个企业社会责任如何为企业创造无形和有形利益的概念框架（如图 2-4 所示）。作者认为企业社会责任实践可以引起内部和外部利益。同样，企业社会责任的利益可以分为有形利益和无形利益两类。有形利益就是指那些易于量化的财务性收益，而无形利益则难以量化，且属于非财务性的。企业社会责任实践有助于形成企业声誉、组织归属感以及学习等无形利益，而这些无形利益则是减少员工流失率、提高效率和减少运营成本等内部有形利益的途径之一。

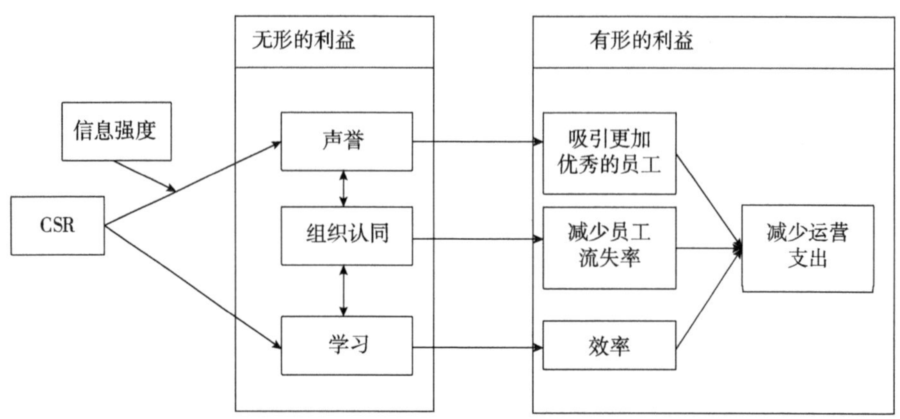

图 2-4 企业社会责任如何引起无形和有形利益的概念框架

资料来源：Chong W，Nurn Tan G. Obtaining intangible and tangible benefits from corporate social responsibility ［J］. International Review of Business Research Papers，2010（6）：360-371

毕楠和冯琳（2011）从企业社会责任对当前价值、未来价值和潜在价值创造的作用机理出发，提出了一个社会责任的三维价值创造框架（如图 2-5 所示），即企业社会责任行为通过影响企业的雇主品牌、产品品牌和公司品牌形象来影响雇员、消费者和投资者这些核心利益相关主体，进而实现价值创造。

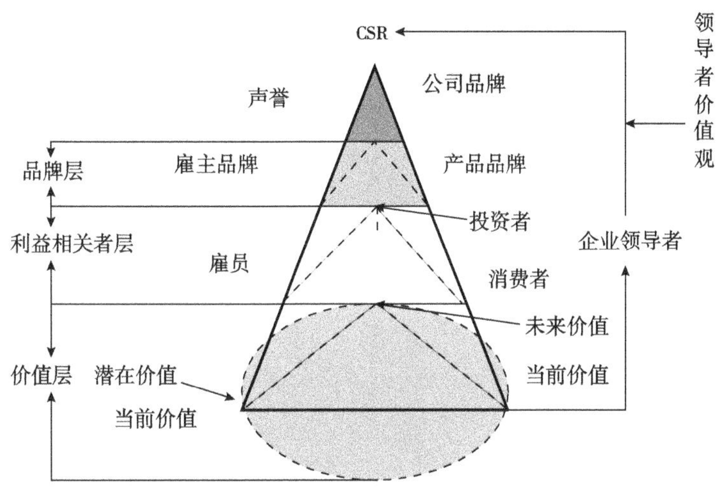

图 2-5 企业社会责任三维价值创造系统

资料来源：毕楠，冯琳．企业社会责任的价值创造研究——一个三维概念模型的构建［J］．财经问题研究，2011（3）：28-33

谢雅萍和许美丽（2012）构建了企业社会责任行为、企业社会责任内外部效应关系模型（如图 2-6 所示），提出企业履行社会责任所产生的效应首先作用在利益相关者身上，通过外在的社会反应和市场反应的间接作用，对企业的经济效益、竞争力、成长力产生影响，促使企业内部效应生成。

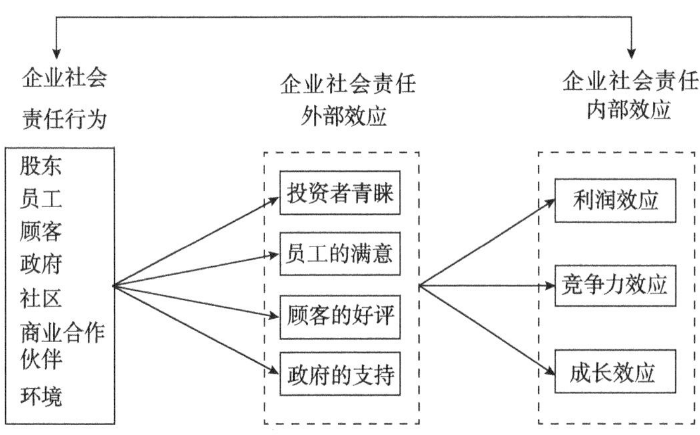

图 2-6 企业社会责任行为、企业社会责任外部效应与企业社会责任内部效应关系模型

资料来源：谢雅萍，许美丽．基于利益相关者的企业社会责任行为与企业社会责任效应关系的实证研究［J］．经济经纬，2012（5）：87-91

辛杰（2014）从利益相关者沟通和利益相关者响应视角探讨了企业社会责任到财务价值和非财务价值的传导机制（如图 2-7 所示）。研究发现利益相关者响应在企业社区慈善责任对财务价值创造的影响中起到完全中介的作用；在企业内部（或外部）利益相关者责任对财务价值创造的影响，以及企业内部（或外部）利益相关者责任、企业社区慈善责任对非财务价值创造的影响中起到部分中介的作用。企业社会责任与企业财务价值创造的关系中利益相关者沟通不具有调节作用，在内部利益相关者责任、社区慈善责任与企业非财务价值创造的关系中起到调节的作用，而在外部利益相关者责任与企业非财务价值创造的关系中未起到调节作用。

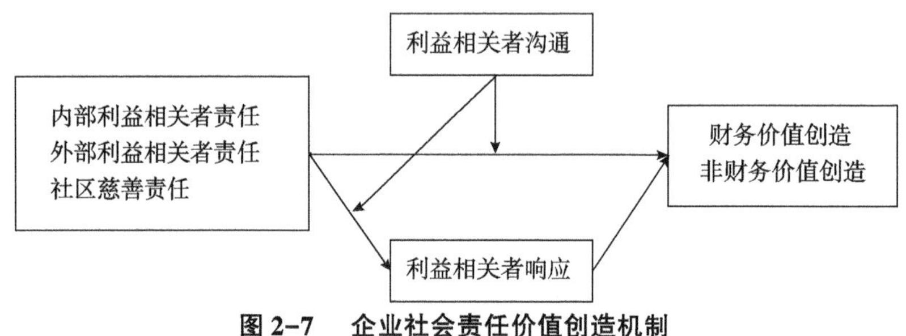

图 2-7　企业社会责任价值创造机制

资料来源：辛杰．企业社会责任的价值创造机制研究［J］．管理学报，2014，11（11）：1671-1679

从上述文献回顾可以发现，近年来，有关企业社会责任价值实现过程的理论研究已经取得一些成果。但是，这些理论模型还缺少实证数据的支持。企业社会责任概念的多维度和企业社会责任计量本身的复杂性使得实证研究在样本选择、变量计量、信息数据的获取等方面存在困难。有关企业社会责任与企业价值的实证研究由于研究方法存在问题，导致研究结论的普遍性和代表性受到质疑。

2.4　企业社会责任信息与公司声誉

随着企业社会责任研究的不断深入和拓展，声誉研究也开始探寻在企业社会责任活动和企业社会声誉之间建立一个链接。Fombrun（2002）建议通过企业社会责任活动包括社区投入、环境保护和雇员参与促使企业建立强大持久的社会声誉。类似地，Neville（2005）也认为具有社会声誉的企业是那些投资并成功执行与社会责任相关行动的企业。作者用企业社会声誉作为中介变量去分析和检验企业社会责任与企业财务绩效及最终赢得企业竞争优势之间的关系。实证研究方面，Williams 和 Barrett（2000）研究发现企业的慈善捐赠对企业的社会声誉有正影响。Brammer 和 Pavelin（2004）主张企业在关键社会责任维度，如社区参与、员工雇用、产品安全和质量和环境管理等方面的绩效是企业社会声誉的重要因素。

公司声誉仅在近几年才被介绍到社会责任财务价值研究中。在之前的很多研究中，企业社会声誉指数一直被作为一个常用的计量社会责任的代理变量。基于利益相关者理论的社会责任研究已开始将社会责任与企业社会声誉区别开来。社会责任是企业对其利益相关者群体的实际行动，而企业社会声誉是这些社会责任行为获得的潜在结果，这一区分有着重要意义。它承认了企业社会声誉的生命力取决于企业声誉资本不断积累的能力。为了实现它，企业必须始终如一地回应利益相关者根本、合理的需求。区分社会责任和企业社会声誉也澄清和开拓了社会责任与企业财务绩效之间的路径。

实证研究（Little，2000；Roberts 和 Dowling，2000）研究发现企业社会声誉影响企业价值、潜在收益和企业财务的可持续性。Rynes 等（2003）论证了社会声誉与企业财务绩效的关系要强于直接来自社会责任的影响。利用《财富》杂志的声誉指数，企业社会责任与财务绩效之间的正相关关系也已经被发现（Fombrun 和 Shanley，1990）。这些证据使我们更相信这样的断言：企业社会声誉可能代表了企业社会责任—企业财务绩效之间缺失的链接之一。

Knox 等（2004）在研究中提出了 CSR—企业声誉—企业绩效的关系链接（如图 2-8 所示）。企业通过积极承担社会责任可以改善与利益相关者的关系，获取利益相关者信任，提升企业声誉，进而降低可能遇到安全、潜在抵制和声誉损失等问题的风险，并通过提升顾客忠诚度来增加销售收入。

Trotta 等（2011）以银行业为研究对象，探讨了企业社会责任与企业声誉之间的关系，研究识别两者之间的差异和联系，并基于利益相关者的关系视角分析和解释了声誉机制与企业社会责任之间的相互作用。作者认为企业社会责任是企业声誉的重要驱动因素，随着时间的推移能够为企业

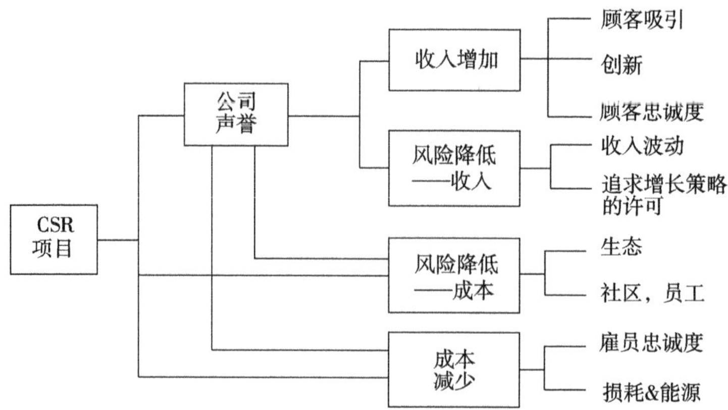

图 2-8　CSR—企业声誉—企业绩效的链接

资料来源：Simon Knox，Stan Maklan. Corporate Social Responsibility：Moving beyond investment towards measuring outcomes［J］. European Management Journal，2004，22（5）：508-516

创造经济价值（如图 2-9 所示）。研究者构建了一个企业声誉与企业社会责任关系的理论架构（如图 2-10 所示），说明了企业社会责任与企业声誉之间相互影响与依存的双向关系，该理论框架突出了利益相关者关系在企业社会责任与企业声誉的关系中的中介作用。

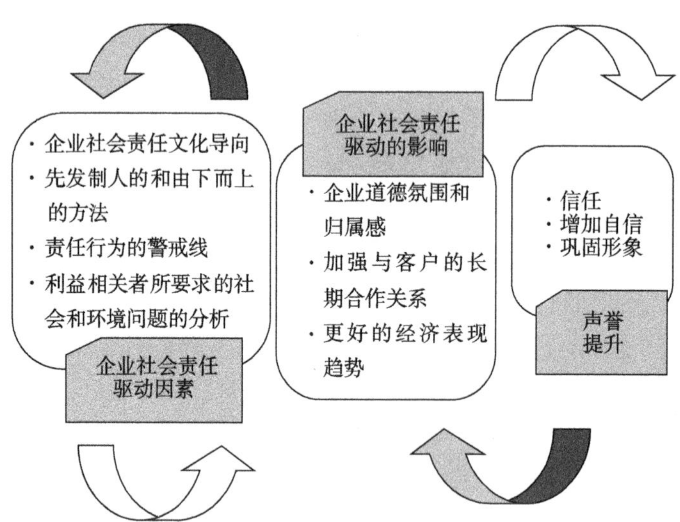

图 2-9　企业社会责任的驱动因素及其影响和声誉的关系

资料来源：Trotta，Annarita，Antonella Iannuzzi，Giusy Cavallaro，Stefano Dell' Atti. Banking reputation and CSR：a stakeholder value approach［C］. The Naples Forum on Service，2011

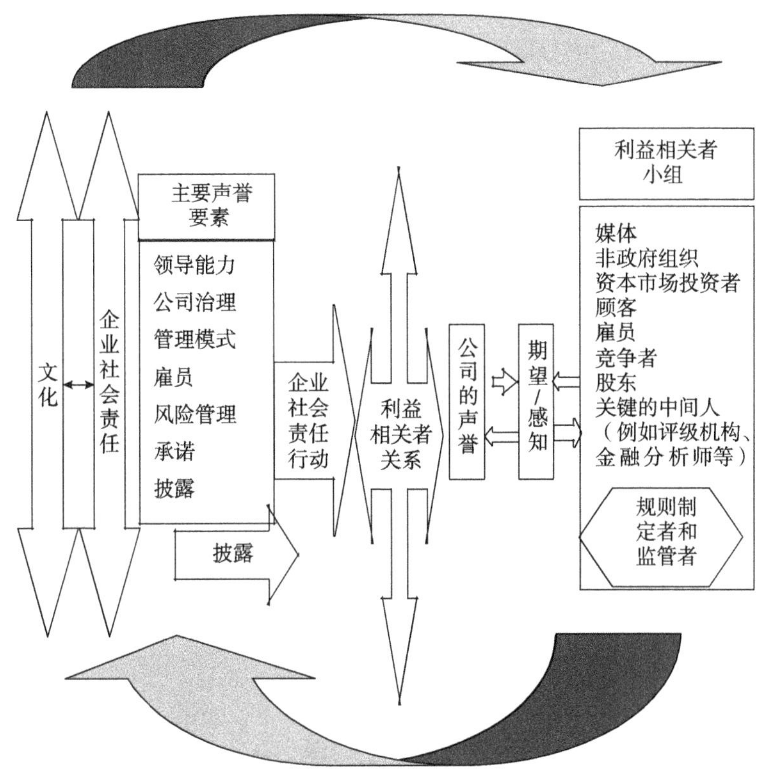

图 2-10 企业声誉与企业社会责任关系的理论框架

资料来源：Trotta，Annarita，Antonella Iannuzzi，Giusy Cavallaro and Stefano Dell' Atti. Banking reputation，CSR：a stakeholder value approach ［C］. The Naples Forum on Service ，2011

Ali（2011）研究发现企业社会责任信息对企业声誉和顾客购买意向有显著影响。Maden（2012）从多方利益相关者角度审视企业声誉，结果证实企业社会责任不仅是企业声誉的前因，同时对企业声誉也有非常显著的影响。Eberle（2013）采用在线实验方法研究了企业社会责任信息沟通对企业的声誉和口碑传播意向的影响。研究结果表明利用可以互动的媒体进行企业社会责任信息沟通可以提升企业社会责任信息的可信性度和对企业的认可度，最终提升企业声誉和口碑传播意向。同时，研究还发现顾客的负面评价比正面评价对企业声誉的影响大很多。这一结果意味着企业社会责任信息沟通的渠道不同会影响企业社会责任信息的声誉效应。

以前，企业社会责任与企业财务绩效模型因为过于简单化，缺乏理论依据及其有效性而备受批评。明确地将企业社会声誉融合到现存的理论框架中能帮助我们阐明原有研究的缺陷并可能丰富企业社会责任价值理论，提升企业社会责任与财务绩效关系实证研究的有效性。

迄今为止，在很多研究中，社会责任信息披露被作为企业社会责任行为表现的一个替代变量。公司声誉与自愿性社会责任信息披露的关系研究文献极其匮乏。不过，近几年，已有少数学者从战略管理的视角，去研究社会责任信息披露与公司声誉之间的关系。如 Bebbington（2008）在印象重建（Image Restoration）理论框架基础上分析并提出社会责任报告可视为企业声誉风险管理过程的组成部分和结果，建议用声誉风险管理的概念去理解企业社会责任报告的实践。

国内有关企业社会责任与企业声誉的文献较少。任巧巧（2005）分析了企业社会责任对企业声誉的重要影响，提出企业应将社会责任纳入企业战略框架中，制定出有利于提升企业声誉的企业社会责任战略。周延风等（2007）采用实验研究方法探讨了企业社会责任行为与消费者关于公司声誉评价之间的关系。研究发现企业社会责任行为对消费者公司声誉评价有显著影响。石军伟等（2009）从七个维度测量战略性企业社会责任，研究发现在社会资本的调节作用下，企业社会责任与企业声誉具有正相关关系。李新娥和彭华岗（2010）从企业社会责任信息披露和企业声誉关系的角度，以 2008 年中国 100 强企业为样本，对两者关系进行实证研究，结果显示企业社会责任信息披露对企业声誉有显著影响。费显政和李陈微（2010）将企业社会责任声誉溢出效应纳入了研究对象，分析了导致传染效应和对比效应的权变因素，将卷入程度和澄清策略引入企业社会责任声誉模型中，进一步拓宽了企业社会责任声誉溢出效应研究，为企业认识、预防和应对负面的企业社会责任声誉溢出效应提供了理论指导和操作建议。李海序和张子刚（2010）构建了一个企业社会责任对企业声誉和顾客忠诚影响的概念模型，并通过结构方程模型方法对模型进行检验。研究结果表明企业声誉是企业社会责任影响顾客忠诚的中介变量，企业社会责任通过企业声誉影响顾客满意，从而影响顾客忠诚。沈洪涛等（2011）研究发现企业社会责任表现能提升企业声誉，企业社会责任报告能有效传递社会责任表现的信息，增强社会责任表现与企业声誉之间的正向关系，并发现企业社会责任报告鉴证并没有显著促进社会责任表现对企业声誉的作用。上述研究成果提供了来自国内的经验数据，为企业社会责任信息披露有助于提升企业声誉提供了经验证据。

2.5 企业社会责任与利益相关者行为意向

由于大量有关企业社会责任与财务绩效关系的研究没有一个统一的结果，因此，学者们开始将研究视角转向企业社会责任对企业财务绩效的影响过程。不同学术领域的学者关注企业社会责任对不同利益相关者态度和行为的影响。如人力资源领域的学者关注企业社会责任对员工行为的影响，财务领域的学者探究企业社会责任绩效是否影响投资者决策行为，而营销学者们更是把研究的焦点集中在消费者身上，观察消费者如何对企业社会责任活动进行响应。员工、消费者及投资者作为企业最关键的三个利益相关者，他们的态度和行为对企业价值会产生重大而深远的影响，他们对企业社会责任行为的响应也是企业履行社会责任价值实现的关键。下面将对有关企业社会责任与购买意向、求职意向和投资意向关系研究的文献成果进行总结和评论。

2.5.1 企业社会责任与购买意向

消费者是企业最重要的利益相关者，从消费者视角研究企业社会责任受到西方学术界的重视。20 世纪 90 年代后，立足于消费者的企业社会责任研究更多地转向实证研究企业社会责任与消费者响应关系。

很多研究支持消费者更加青睐那些有社会责任感和可信赖的公司提供的产品和服务。Murray 和 Vogel（1997）指出，在了解公司为社会责任做出努力的信息后，消费者更愿意到这家公司来消费。Webb 和 Mohr（1998）通过情景模拟，假设在产品质量和价格没有差异的前提下，让受访者给出选择或者转换品牌的意向来证实事件关联营销对消费者的购买意向有潜在的影响。Lafferty 和 Goldsmith（1999）研究发现企业社会责任活动对消费者响应可产生积极直接的作用。Sen 和 Bhattacharya（2001）研究发现企业社会责任会显著影响消费者的产品评估，企业社会责任与消费者购买意向的关系受到消费者信任的影响。Maignan 和 Ferrell（2004）认为消费者对企业社会责任会积极响应，同时，企业社会责任和顾客忠诚度之间也存在积极关联性。Mohr 和 Webb（2005）的研究结果显示，企业承担社会责任的行为与消费者对企业的评价和购买意向正相关，较低的企业社会责任水平会减弱消费者的购买意愿，并证实了美国企业在环保方面的社会责任活动对消费者购买行为的影响超过了价格。Castaldo（2009）指出具有良好社会责任行为的企业对消费者更有吸引力，消费者甚至会联合起来抵制漠视社会责任义务的企业。

有的研究认为企业社会责任对消费者行为有间接影响，并提出两者之间存在中介变量。Berens 等（2005）研究发现企业社会责任与消费者的态度与行为关系受到企业品牌策略的影响。Alniacik 等（2011）实验发现企业社会责任活动能够产生更多影响，如购买其产品的意向、公司的就业机会及对该公司的投资意向。

也有一些学者的研究结果显示企业社会责任对消费者的购买行为并没有实质性影响。Webb 和 Mohr（1998）发现一些受访者更多的是按照价格、质量和便利来选择购物场所，而并非因为企业是否参与社会事业。但是，实验研究却发现企业社会责任对顾客响应有积极影响。但是，Mohr 和 Webb（2005）的研究发现相比不负责任的企业生产的低价运动鞋来说，消费者更愿意花高价来购买负责任企业生产的高价运动鞋。如果企业开展的企业社会责任活动恰恰是消费者所支持的领域，则对消费者购买意向的影响强度将更大。企业的社会责任行为将会对消费者的企业评价和消费者购买意向产生正向影响，社会责任水平越低的企业，消费者购买其产品的意向也越低。在了解企业社会责任活动信息的情况下，价格仍然会影响消费者的购买意向。

Bae 等（2006）提出企业声誉和感知动机是企业社会责任对消费者响应影响的中介变量。Becker-Olsen 等（2006）分析了消费者感知到的企业社会责任动机和企业社会责任与企业的匹配度对消费者的影响，研究发现不论企业的动机如何，低匹配行为负面影响消费者的态度和意向，与获取利润动机高匹配的企业社会责任行为也会负面影响消费者的态度和意向。

从上述文献回顾可以看出，国外有关企业社会责任与消费者响应的研究成果比较丰富，但由于研究方法不同，结论也有所不同。大量研究都支持企业是否履行社会责任及其表现的好坏对消费者是有影响的。在这些研究中，不同学者选择了不同结果变量去反映社会责任对消费者的影响，如消费者对企业认同、评价、产品态度、购买意愿和满意度、忠诚度等。在这些影响中既包括企业社会责任的直接影响，也包括间接影响和作为中介变量的调节作用。此外，也有少数研究的结论显示企业社会责任对消费者响应存在消极影响。越来越多的证据表明，消费者愿意支持对社会负责任的企业。国外的相关研究大多将着眼点放在发达国家消费者对企业社会责任的响应上，这些国家消费者的社会责任观念相对较强。发达国家的消费者在购买产品时对产品的社会责任属性比发展中国家的消费者更为关注。

目前，国内相关的研究不多，仅有少量有关企业社会责任对消费者购买意向影响的实证研究。金立印（2006）的研究结果表明企业的知名度、消费者对企业的信任程度、企业声誉及社会责任运动对消费者的企业认同感有正面影响效应；消费者对其所认同企业的产品有较高的评价和购买意向，更愿意向他人传播有利于企业的信息，对于不利的信息则有较高的回避或抵触意向。周祖城和张漪杰（2007）实证检验了企业社会责任与消费者购买意向的关系，研究发现企业履行社会责任在行业内的相对水平不同，消费者的购买意向也不同，行业内的相对社会责任水平越高，消费者购买意向也越强。周延风等（2007）从慈善捐赠、环境保护及善待员工三个方面，实证研究了企业社会责任行为与消费者响应之间的关系。研究发现消费者个人特质和价格信号在企业社会责任与消费者行为的关系中具有调节作用，且消费者对三个方面的企业社会责任行为的响应存在差别。常亚平、阎俊、方琪（2008）采用情境模拟法测量消费者在不同类型企业社会责任行为刺激下的购买意愿，发现消费者的态度受到价格的显著影响，但不同的消费者群对履行了基本层或高级层社会责任的企业产品有不同的可接受溢价范围。韦佳园、周祖城（2008）认为在企业社会责任（CSR）与企业能力（CA）关系方面，绝大多数消费者持相互促进（Win-Win）观念而不是相互对立（Trade-Off）观念。张广玲等（2010）以产品感知质量、感知风险作为中介变量，研究得出企业社会责任行为与消费者购买意向在中介变量的作用下存在正向相关关系。田志龙等（2011）发现，行业差异能够影响企业社会责任与消费者购买意向之间的关系。马龙龙（2011）指出影响消费者购买决策的重要因素主要包括企业社会责任行为，其次是消费者类型的影响。邓新明（2012）考察了消费者伦理购买意向的影响机制，研究发现在中国情境下，消费者所面临的非意愿控制因素（如伦理信息的识别等）会显著影响消费者的伦理购买态度与行为意向 。

我国对企业社会责任响应的研究起步较晚，而且大多是对西方学者研究成果的学习借鉴。总体上看，国内的研究成果基本都集中在企业社会责任对消费者响应的正面影响方面。尽管现有研究已经证实，企业社会责任对消费者的购买意向确实存在显著影响，但是对企业社会责任在消费者层面的影响机制、消费者对企业社会责任的心理反应等方面的研究仍十分有限，对这些问题的实证研究更是缺乏。

2.5.2 企业社会责任与求职意向

求职意向是预测个体求职行为的一个重要因素。根据计划行为理论，行为的产生直接取决于行为意向。求职行为作为一种意志性行为，也可以用计划行为理论来解释，而且已有相关研究结果证明了计划行为理论对求职行为的适用性。

高素质的员工形成了企业持续的竞争优势。招聘作为企业人力资源管理的关键要素之一，决定了未来将要服务于企业的潜在个人特征。招聘中的一个关键步骤是提高求职者的求职意愿（拟申请的工作）。Smith 等（2001）将求职意向定义为求职者为了寻求更多关于企业的信息而采取的主动行为。由于求职者在招募阶段中，对于雇主通常缺少完整的信息，求职者会依照能够取得的信息来形成对雇主的看法，因此求职者获取的雇主信息将会影响其如何处理相关信息，亦影响其求职意向。Greening 和 Turban（2000）指出企业的社会责任表现在招募及甄选员工时发挥重要作用。Albinger 和 Freeman（2000）研究发现随着有关企业社会责任正面及负面报道的不断增加，越来越多的企业将社会责任信息放在企业招募宣传册中，试图向求职者发出良好信号，并将其看作招聘中的竞争优势。在有很多可选择职业的高质量求职者那里，企业社会绩效对感知组织吸引力比在职业选择较弱的求职者那里有更强的影响。Collins 和 Stevens（2002）指出企业的赞助活动对于初次求职者对组织的态度与求职决策有正向的相关。Gowan（2008）探索出经济、法律和伦理企业社会责任是如何对组织吸引力产生不同影响的。研究者发现这三种不同形式的企业社会责任对于组织对申请者的吸引力具有独立的影响。Behrendet 等（2009）基于信号理论提出企业社会责任绩效是吸引潜在求职者的一个关键要素，它传递了有关企业工作条件、企业标准、价值观和规范的信号。求职者更可能被一个他们认为有标准、价值观和规范的企业所吸引。当一个企业的社会责任信息显示出企业良好的道德价值和规范时，这些信息则提升了求职者感知到的企业声誉，因此，驱动求职者对该企业产生更强的求职意向。Jones 等

(2009) 的研究则得出了不一致的结论，他们发现环境 CSR 对于重视环境的应聘者的影响并没有比对环境问题较为淡漠的应聘者更强，这表明个人—组织匹配原理并不影响应聘者对环境 CSR 的反应。

2.5.3 企业社会责任与投资意向

国外有关企业社会责任与投资者关系的研究主要集中在企业社会责任及其信息披露对投资者行为的影响以及市场反应研究。Eoh 和 Shiu (1990) 发现定量的货币化社会责任信息，如产品改进和商业公平等信息被视为投资决策有用信息。Epstein 和 Freedman (1994) 的研究表明，投资者决策时会将企业社会责任信息纳入参考范畴，特别是产品安全和质量方面的信息。投资者将越来越支持负责任的公司，不负责任的公司的借贷成本会上升。Waddock 和 Graves (1997) 的调查显示，机构投资人倾向于有更高社会绩效的公司。调查发现 26%的潜在投资者认为道德和财务绩效在决定投资对象时尤为重要，39%的人认为他们通常在注资之前检查其财务绩效以及价值理念。Frooman (1997) 研究发现，企业对于社会责任的不负责任对证券股价有着负面影响。Balabanis 等 (1998) 研究表明企业社会责任同样也会影响到贷款渠道。银行在借贷、保险项目上已经发展了众多行之有效的方式来对借款企业进行社会风险和环境风险评估。企业社会责任行为似乎是影响银行投资决策的关键因素之一。Cormier 和 Magnan (2011) 研究发现在减少资本市场信息不对称和股票价格波动方面，社会责任信息和环境信息是相互替代的。Dhaliwal (2011) 采用独立的企业社会责任报告作为非财务信息披露的代理变量，检验了非财务信息与分析师预测准确性之间的关系。研究发现独立的企业社会责任报告的发布降低了分析师预测误差。这说明企业社会责任报告与财务信息披露是互补的。Reverte (2014) 研究显示企业社会责任信息对股票价格有直接影响并对以会计计量的变量，如资产收益等有间接影响。研究同时发现企业社会责任信息对环境敏感行业企业的市场价值的影响要大于非环境敏感行业的企业，因为企业社会责任信息的披露能让投资者更好地评估企业潜在的诉讼和未来环境负债等风险，减少信息不对称和逆向选择风险。Cordeiro 和 Tewari (2015) 研究了投资者对美国新闻周刊环保排行榜信息的反应，结果发现该信息对投资者而言是有价值的。由于企业主要的利益相关者，如具有环保意识的顾客、员工以及非政府组织和监管机构的积极响应，预计排名较好企业的投资者有更好的未来现金流，因而也提升了这些公司的股票价格。

国内关于企业社会责任与投资者行为决策及市场反应、企业价值效应的研究起步较晚，研究成果较少。何贤杰、肖土盛、陈信元（2012）研究结果表明企业社会责任信息披露能够为上市公司带来融资便利，有助于其进行股权再融资。这些证据支持企业社会责任信息披露在一定程度上改善了公司的信息环境，缓解了公司融资约束程度的观点。企业社会责任信息披露质量越高，公司获得股权再融资的机会和融资金额也越高。企业在社会责任上的良好表现往往能够提升其声誉，相关信息开始成为投资者评价企业潜在风险和收益的重要因素。Liu 等（2013）以我国上市公司为样本采用事件研究方法检验了企业社会责任信息披露对投资者的影响。研究结果显示企业社会责任信息披露对股票价格有影响，这说明企业社会责任信息披露同财务信息一样有利于提升资本市场透明度，进而影响投资者的行为。He 等（2013）探讨企业社会责任信息披露是否可以为投资者提供有助于决策的信息。研究结果表明企业社会责任信息披露对分析师盈余预测的准确性和误差有影响。上市公司企业社会责任信息披露水平越高，分析师盈余预测误差越小。

从国外研究文献回顾中可以发现，国外学者在利益相关者对企业社会责任响应方面的研究已经取得不少研究成果，特别是消费者响应方面成果较为丰富。但是，多数研究存在一个不合理的假定，那就是公众是了解企业社会责任活动，企业社会责任实际绩效与公众感知是一致的，而事实并非如此。公众对企业社会活动的了解、感知和评价基于他们获取了多少有关企业社会责任活动的信息。获取的信息量、信息性质（正面还是负面）及信息的可信度都会对他们感知和评价产生不同的影响。在企业社会责任与企业声誉、利益相关者响应之间，社会责任信息的披露与传播是一个重要的中介变量，以往的研究常常忽略这个关键变量。而大量有关社会责任信息披露的研究较多关注企业社会责任信息披露的动机和影响因素的研究，对企业社会责任信息的价值研究侧重于社会责任信息的直接经济后果，多沿袭财务信息含量的实证研究方法，以社会责任信息的市场反应作为结果变量，最后得出不一样的结论。关于利益相关者对企业社会责任行为做出积极回应的研究都基于对消费者态度的问卷调查数据，缺少实际观察的行为结果。态度与行为虽然相关，但态度与行为一致似乎缺乏实际的基础。因此，这些研究结论会受到一些质疑。

从国内研究文献来看，相对于西方发达国家，我国对企业社会责任的研究起步较晚，而且大多是对西方学者研究成果的学习借鉴。总体来看，国内的研究成果基本集中在企业社会责任对消费者响应的正面影响上。此外，国内对于企业社会责任响应的研究多集中在理论层面，实证研究较少且没有形成系统的理论体系。尽管现有研究已经证实，企业社会责任对利益相关者行为意向确实存在一些影响，但是对企业社会责任在利益相关者层面的影响机制、利益相关者对企业社会责任的心理反应等方面的研究仍十分有限，对这些问题的实证研究也十分缺乏。

总结来看，国内外现有的有关企业社会责任响应研究大多支持企业社会责任对利益相关者行为意向有一定影响。国外文献的研究基本是基于西方发达国家的背景，但在中国环境下对企业社会责任信息对企业声誉及利益相关者，特别是潜在利益相关者的行为意向的实证研究在国内还是空白。

2.6 企业声誉对利益相关者行为意向的影响

从上述的研究文献回顾中，我们发现利益相关者对企业社会责任行为响应存在差异。在这个响应过程中，往往还有其他中间变量会影响到响应行为，如企业声誉变量在企业社会责任和利益相关者行为意向关系中可能具有中介作用。

近 30 年来，企业声誉受到管理、经济、社会和市场研究等领域学者的重视。国内外学者在早期企业声誉相关研究的基础上，通过实证研究企业声誉对利益相关者行为的影响，表明企业声誉不仅影响消费者满意度、顾客忠诚度及购买行为意向，而且影响雇员等其他利益相关者的行为（Chun，2005）。Nikbin（2011）研究发现公司声誉与行为意向显著正相关。Maden 等（2012）也检验了企业声誉对客户、员工、投资者的行为有显著影响。

企业声誉是利益相关者基于企业过去行为而对企业形成的认知或评价等，很多学者证实了企业声誉影响消费者的信任和购买意向，企业声誉已经成为衡量企业经营管理效果的重要标准。Fombrun 和 Van Riel（1997）通过研究证实良好企业声誉可以提升消费者对企业产品和服务等的感知效度，从而提升消费者对企业的信任水平和购买的决心。Lafferty 和 Goldsmith（1999）研究发现企业声誉对消费者对产品品牌和购买意向的态度有显著的影响，其影响效果强于代言人声誉。Nguyen 和 Leblanc（2001）以服务业为研究对象，通过实证研究证明良好的企业声誉会带来交易成本的降低，从而促进消费者的重复购买行为。从消费者角度来看，绝大部分消费者在进行购买产品或服务时，对于声誉良好的企业会表达出强烈的兴趣和意愿，而对于声誉不良的企业则释放出消极信号或表现出没兴趣的行为。Davies 等（2003）认为企业声誉使企业不断吸引客户，更满意的客户意味着知名度的提高，更多的销售增长，更强的竞争优势，最终则是高水平的企业绩效。Ou 和 Abratt（2006）针对中国台湾零售商顾客的实证研究发现企业声誉对顾客购物支出、游逛时间和购物频率等没有显著的影响。零售商的顾客对价格敏感，倾向于购买相对便宜的产品而对企业声誉并不特别关心。Graham 和 Bansal（2007）对航空公司的顾客进行了研究，发现顾客往往愿意为高声誉的公司支付更多的费用。Keh 和 Xie（2009）的研究结果表明企业声誉对顾客信任和顾客认可有正影响。Helm（2013）调查了企业声誉对涨价后顾客认知、情感和行为反应的影响，具体来说，是对顾客推断涨价动机、价格公平、愤怒和购买意向的影响。结果显示顾客感知的声誉越好，顾客对涨价的负面动机和价格不公平的归因可能越弱。更大幅度的涨价也没有减弱企业声誉对价格公平和购买意向的影响。

Su 等（2014、2015）基于利益相关者理论和信号传递理论构建了顾客社会责任感知、企业声誉、顾客情感和行为意向之间的关系模型。实证结果表明企业社会责任对企业声誉有显著影响，客户情感（正面和负面的）部分调节企业社会责任、企业声誉对顾客的忠诚意向和口碑传播意向。

Alniacik 等（2012）认为企业声誉是一个多维观念，不同层面的信息会影响不同的利益相关者。研究通过实验方法发现企业声誉包含的多个层面的信息都会对潜在雇员的求职意向产生影响，其中工作条件影响最显著。Wang（2013）基于信号理论和期望理论构建了研究模型，通过实证数据验证了企业社会责任绩效与求职者的求职意向存在正相关关系，并发现企业声誉和职业前景对推荐意向具有调节作用。

Caruana 等（2006）探讨了企业声誉对股东行为意向的影响并通过实

证数据得出了有利的证据。Pfarrer 等（2008）研究发现与声誉较差的企业相比，声誉较好企业的正收益异常信息会获得投资者更积极的反应和更大的市场回报，负收益异常信息的市场惩罚也较少。Mcmillancapehart 等（2010）研究结果表明投资者对声誉信号能做出积极的反应。

国内有关企业声誉与利益相关者行为关系的研究非常滞后，相关研究成果很少。徐金发等（2005）实证得出了企业声誉对顾客忠诚的作用机制。卢东等（2009）指出消费者对企业及其企业社会责任行为的不信任和怀疑会影响消费者对企业社会责任的感知，消费者会将企业承担社会责任的行为与其声誉进行比较。企业声誉是相对稳定的，企业在实行社会责任行为时应当考虑与其企业声誉匹配的问题，不同的匹配对消费者购买意向可能有不同的影响。谢佩洪和周祖城（2009）构建了一个包含企业社会责任行为、良好公司声誉、消费者企业认同和消费者购买意愿在内的概念模型，证实了企业社会责任行为不仅直接作用于消费者购买意愿，还可以通过公司声誉和消费者企业认同间接正向作用于消费者购买意愿。王新宇和余明阳（2011）考察了产品伤害危机中消费者归因与购买倾向之间的关系，研究发现企业声誉对购买倾向的影响被责任归因部分中介。张太海和赵江彬（2014）研究发现不同类型企业声誉与企业社会责任的匹配对消费者购买意向存在不同影响。当企业声誉高时，企业社会责任水平高对消费者购买意向没有进一步的影响，企业社会责任水平低对消费者购买意向有显著的负面影响；当企业声誉低时，企业社会责任水平高对消费者购买意向有显著的正面影响，企业社会责任水平低对消费者购买意向没有进一步的影响。

从上面的文献回顾可以发现，有关企业声誉对消费者行为影响的研究成果较丰富，但关于企业声誉对企业其他利益相关者影响的研究成果很少。很多理论研究文献提出企业声誉对企业利益相关者的行为产生影响，但对企业声誉通过何种方式或何种作用路径对这些结果产生影响的研究还不深入。未来，需要进一步研究分析企业声誉与期望结果之间的关系，只有清楚地了解它们之间的作用方式，才能更好地指导和推进理论及实践的发展。

2.7 本章小结

本章首先对企业社会责任与财务绩效关系研究进行了评述，进而简要回顾了企业社会责任信息含量及企业社会责任价值实现机理研究文献，接着对企业社会责任信息、企业声誉及利益相关者行为意向关系的相关研究文献进行了梳理与评析。从上述文献回顾可以看出，国内外学者对企业社会责任、企业声誉以及利益相关者响应之间关系的研究已经取得不少研究成果，特别是有关企业社会责任对消费者响应方面的研究成果较为丰富。但是，大多数研究存在一个不合理的假定，那就是公众是了解企业社会责任活动的，企业社会责任实际绩效与公众感知是一致的，而事实并非如此。在企业社会责任与企业声誉、利益相关者响应之间，社会责任信息的披露与传播是一个重要的中介变量，以往的研究常常忽略这个关键变量。而大量有关社会责任信息披露的研究较多关注对企业社会责任信息披露的动机和影响因素的研究，对企业社会责任信息的价值研究侧重于社会责任信息的直接经济后果，多数研究沿袭财务信息含量的实证研究方法，以社会责任信息的市场反应作为结果变量，结果得出不一样的结论。

企业社会责任与利益相关者响应研究是企业社会责任研究的一个新兴领域，将这一领域的研究成果与企业社会责任价值研究相结合，将丰富企业社会责任的理论，并有助于指导提升企业价值的实践活动。本章对相关文献的回顾与评析，为本书的进一步研究奠定了坚实的理论基础，与此同时，研究中存在的问题也为本书提供了拓展的空间。

3 理论框架及研究假设

本章首先提出了一个分析企业社会责任价值实现的理论框架，阐述了企业社会责任信息、企业声誉及利益相关者回应在企业社会责任价值过程中的作用；其次，构建了企业社会责任信息、企业声誉及利益相关者行为意向三个变量之间的关系模型，并在理论分析的基础上提出本书的研究假设。

3.1 企业社会责任价值实现的理论框架

从第 2 章研究文献的回顾中可以发现，过去许多研究只集中于检验企业社会责任与企业财务绩效之间的直接关系，忽略了两者关系中其他重要影响因素，导致研究结论不一致、不可靠。本研究专注于探讨企业社会责任价值实现的过程和中间路径，重点研究过往研究中被忽略的企业社会责任信息、企业声誉和利益相关者行为意向之间的关系，并构建了企业社会责任价值实现的理论框架（如图 3-1 所示）。

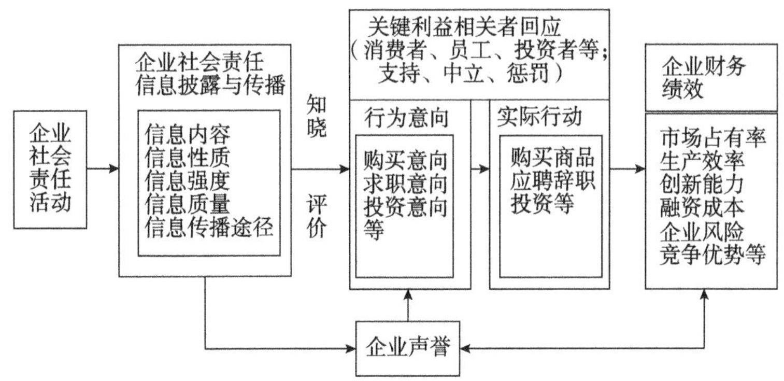

图 3-1 企业社会责任价值实现的理论框架

本研究的理论框架建立在“企业社会责任对财务绩效的影响是间接的而不是直接的”这一基本研究假设之上。在两者间接影响的过程中，企业社会责任信息的披露与传播是一个不能忽视的环节。社会责任信息直接影响了利益相关者对企业社会责任状况的知晓、感知和评价，而利益相关者对企业社会责任的评价最终会影响企业的声誉以及利益相关者的行为意向。良好的企业声誉与利益相关者行为意向的积极响应使利益相关者更可能采取有利于企业财务绩效提升的行为结果，如购买企业产品、积极应聘和投资企业，最终，企业销售额的增长、高素质的人力资源的引进和融资成本的降低都直接提升了企业的财务绩效。

3.1.1 企业社会责任价值实现与利益相关者回应

利益相关者理论（Freeman，1984）认为任何一个公司的生存和发展都离不开各利益相关者的投入或参与，强调企业成功依赖于企业与其利益相关者关系的相互作用，良好的利益相关者关系不仅能提升短期的财务绩效，还有助于企业建立长期的竞争优势。Clarkson（1995）提出企业社会责任并不能直接实现价值创造，它的经济效应是通过对利益相关者的影响间接产生的，很多学者支持这一观点（Wood 和 Jones，1995；Rowley 和 Berman，2000）。

有关利益相关者与企业绩效关系的研究早期主要出现在企业社会责任研究中，对企业社会责任与财务业绩关系的研究实际上就包含了利益相关者与财务业绩关系的研究。国内外有关利益相关者与企业绩效关系的研究中，研究者多从利益相关者关系视角进行分析，虽然学者们对利益相关者的界定不同，对利益相关者关系的具体衡量方法也不尽相同，但大部分结论支持加强企业与利益相关者的关系对企业绩效有正影响的观点（纪建悦等，2009）。

学术界关于利益相关者的界定和分类的研究成果非常丰富。Freeman（1984）提出的“企业利益相关者是能够影响一个公司目标的实现，或者受到公司为实现其战略目标所影响的所有个体或群体”的观点最具有代表性。这一定义对企业利益相关者的界定是比较宽泛的。根据此定义，利益相关者包括企业的股东、债权人、雇员、消费者、供应商等交易伙伴，也包括政府部门、本地居民、本地社区、媒体、环保主义人士等压力集团，甚至包括自然环境、人类后代等受到企业经营活动直接或间接影响的客体。这样宽泛而又笼统的分类方法，将所有利益相关者放在同一层面给实证研究和企业管理实践带来了很大困扰。威勒（2002）将利益相关者分四类：第一类是首要的社会性利益相关者，如顾客、员工、投资者、供应商、当地社区、其他商业合伙人等，他们与企业有直接的关系，并且有人的因素参与其中；第二类是次要的社会性利益相关者，如居民团体、相关行业的企业等，他们通过一些社会性活动与企业之间形成一种间接联系；第三类是首要的非社会利益相关者，如自然环境等，其对企业有直接的影响，但不与具体的某个人发生联系；第四类则是次要的非社会性利益相关者，如非人物种等，其对企业有间接的影响，也不与具体的某个人发生联系。由于本研究重点关注于探究企业社会责任对财务绩效的影响过程，因此，在众多的企业利益相关者中选择了对企业财务绩效影响最大、最直接的三个群体：消费者、员工和投资者进行深入研究。

本研究界定的利益相关者回应是指利益相关者在获得企业社会责任行为及其业绩信息并感知的前提下，可能对企业社会责任行为的支持、中立或惩罚的一系列反应，包括态度、执行某种特定行为的意愿，以及实际行动。利益相关者对企业社会责任行为的评价（正面、中立或负面）会影响利益相关者对企业采取行为的差异（支持、中立或惩罚），最终，利益相关者的行为差异（购买、辞职/离职、投资等）导致了企业财务绩效的变化（提升、无变化或降低财务绩效）。

企业和企业的利益相关者都关注企业社会责任，企业的利益相关者如何看待企业承担社会责任的行为并对企业社会责任做出什么回应将会极大地影响企业是否承担社会责任。消费者、员工和投资者是企业最重要的利益相关者，他们对企业社会责任的回应分别通过产品市场、人才市场和资本市场对企业财务绩效产生影响。企业的利益相关者可以通过市场的作用极大地促进企业积极承担企业社会责任，同时也会对企业形成实质性的压力。

3.1.2 企业社会责任信息披露与传播是不可或缺的环节

近20年来，随着大众对企业社会责任的关注度持续提升，越来越多的企业不仅主动履行企业社会责任，还投入了大量资源向广大利益相关者报告企业社会责任行动。从最近麦肯锡公司对企业高管的调查可以看出，公司参与企业社会责任主要是因为高管相信这些行为将会使利益相关者给予公司积极的回应。然而，很多企业对社会责任采取了积极的态度和行动，其利益相关者的回应程度和方向却存在巨大差异。即使不同企业开展同一种形式的社会责任活动得到的利益相关者的回应也不相同。为什么会出现这样的差异呢?

利益相关者对企业社会责任活动回应（支持、中立或惩罚）的前提是对企业履行社会责任方面的行为及表现形成了感知，感知程度和感知差异会直接影响利益相关者对企业社会责任行为动机的判断，进而影响他们对企业社会责任绩效水平的评价。而企业利益相关者对企业社会责任绩效的评价主要依赖于他们获取的相关企业社会责任信息。在企业社会责任与财务绩效的关系研究中，企业社会责任信息是一个非常重要但一直被模糊处理的变量。在以往的社会责任研究中，很多学者将社会责任信息披露指数作为企业社会责任绩效的替代变量。研究者似乎都有一个假定，企业社会责任信息是透明的，企业社会责任行为与利益相关者感知到的企业社会责任表现是一致的，但事实并非如此。

企业的大多数利益相关者无法直接参与到企业社会责任活动中，因此，也很难通过亲身体验去感知和评价企业社会责任表现，在不熟悉企业现实状况的情况下，企业社会责任信息对利益相关者做出何种回应会产生明显影响。企业往往通过企业社会责任报告向利益相关者披露企业社会责任绩效信息，而当利益相关者接收到社会责任信息后，对信息加工后的不同反应正体现了不同社会责任信息的作用。

根据信息传播理论，社会责任信息披露和传播效果的差异主要受传播者、信息、媒介、受传者的影响，其中，信息本身是关键因素。社会责任信息的差异可以表现在信息透明度、信息内容、信息性质、信息质量、信息强度及信息传播媒介等方面。企业要使关键利益相关者对自身在社会责任方面的工作、行为、目标有所理解和支持，需要通过不同渠道和媒介披露和传播社会责任方面的信息。可信度高的好信息可能会令他们对企业产生好感，由负面消极态度转变为正面积极态度，从而，有利于企业在公众中建立起良好的形象和声誉。通过社会责任信息披露与传播，消除企业与利益相关者之间的信息不对称，有助于利益相关者对企业社会责任表现做出积极的评价，从而改善企业与利益相关者之间的关系，促使利益相关者做出有利于企业经济利益的行为。因此，可以说，企业社会责任信息披露与传播是企业社会责任价值实现过程中一个不可或缺的中间环节。

3.1.3 企业声誉的中介效应

现有文献表明，企业声誉对企业绩效具有重大影响。不少研究都支持企业声誉与企业绩效之间正相关。企业声誉不仅会给企业带来财务收益而且会带来非财务优势，声誉高的企业比声誉差的企业享有更高的销售增长率和资产收益率、较低的经营风险，以及更强的竞争优势（Fombrun 和 Shanley，1990；Roberts 和 Dowling，2002；Helm，2007；Awang 和 Jusoff，2009）。企业的管理者也普遍接受企业声誉是企业最有价值的资产之一的观点，声誉管理对许多企业而言是一个非常关键的管理活动。过去，企业普遍对维护企业声誉的努力多体现于产品发展与企业品牌宣传上。而在企业社会责任理念日渐深入人心的今天，企业社会责任成效对企业声誉的影响已不容忽视。

企业的社会责任行为借由企业与外部的沟通如企业社会责任的相关信息披露帮助企业在消费者、投资者、银行以及供应商心目中的树立良好的形象，维持较高的社会责任声誉（Fombrun 和 Shanley ，1990）。具有良好社会责任声誉的企业可以改善同企业外部利益相关者的关系，从而，提升消费者的满意度和忠诚、吸引优秀的员工、增强员工的敬业度和忠诚度、加强企业与投资者的关系以获取资金支持，这些都将有利于提高企业的财务绩效。因此，企业社会责任对公司业绩和竞争优势的贡献可能是通过影响企业声誉间接实现的。

3.2 概念模型及核心概念界定

在前面的论述中，本书分析了企业社会责任价值实现的过程和路径，提出了企业社会责任信息、企业声誉和利益相关者行为意向这三个变量在企业社会责任价值实现过程中的关键作用。有关利益相关者回应及企业声誉对企业财务绩效的影响已经被较多学者的研究证实，因此，本书将以“企业社会责任信息—企业声誉—利益相关者行为意向”为研究主线，关注企业社会责任价值实现的中间路径，探究企业社会责任信息、利益相关者行为意向与企业声誉两两之间的关系，以及企业声誉在企业社会责任信息与利益相关者行为意向之间的中介作用。本研究认为消费者、求职者及投资者作为企业重要的利益相关者对企业社会责任信息是有需求的，并能积极响应。企业社会责任信息对利益相关者行为意向的影响是企业社会责任行为转化为企业价值的一个中间过程。企业社会责任信息可能直接影响消费者的购买意向、求职者的求职意向和投资者的投资意向。企业社会责任信息也可能通过企业声誉这一中介变量发挥作用。正面的企业社会责任信息所形成的企业良好声誉，在资本市场上可以吸引投资者；在劳动力市场上可以吸引与企业更加匹配的优秀潜在雇员；在产品市场上通过实现差异化影响消费者的购买行为。本研究的概念模型如图 3-2 所示。

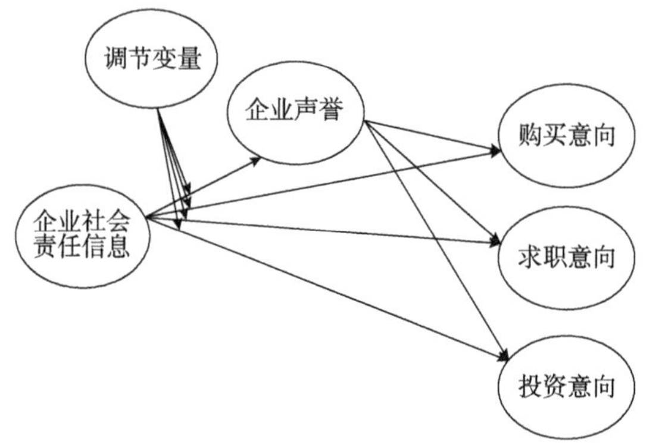

图 3-2 本研究的概念模型

研究模型中的概念主要来自于相关研究文献，但众多的研究者基于不同的研究理论和视角对特定概念的界定也不同，甚至相互冲突。本书研究者根据本书的研究目的对不同定义进行了判断和取舍，各变量的具体定义总结如下。

根据企业社会责任信息披露的理论模型（陈佳贵，2009），对企业社会责任从企业责任管理、社会责任、环境责任和市场责任四个方面进行阐述。其中责任管理包括责任治理机制、责任推进工作、责任沟通机制和守法合规体系；市场责任包括客户责任、股东责任和合作伙伴责任等与企业业务活动和市场责任密切相关的责任；社会责任包括政府责任、员工责任和社区参与；环境责任则由环境管理、节约资源能源、降污减排等内容构成。因此，本书界定的企业社会责任信息是指企业责任管理、社会责任、环境责任和市场责任履行情况的信息。正面信息是对社会有积极影响或有利影响的企业社会活动信息；负面信息是对社会有消极影响或有害影响的社会活动信息。

在本研究中，主要借鉴 Fombrun（1996）、Gotsi 和 Wilson（2001）、Rose 和 Thomsen（2004）等的研究，将企业声誉定义为企业所有利益相关者基于相关企业信息对企业做出的总体评价，是对企业过去行为以及企业提供的产品或服务等能力所形成的综合看法。

Intention 这一概念最早用于心理学领域研究，中文译为意向、意愿或倾向等。Fishbein 等（1975）认为意向是个人从事特定行为的主观概率，是一个人实施一项行为的可能性，是对在未来实施一项行为的一种预估。本研究借鉴 Fishbein 等（1975）对意向的界定，对购买意向、求职意向和投资意向进行了定义。购买意向是消费者愿意购买某种产品或服务的可能性，是消费者的主观心理感受。求职意向是求职者愿意应聘于某企业或组织的可能性。投资意向是投资者愿意投资某企业或某项目的可能性。

3.3 研究假设

3.3.1 企业社会责任信息与利益相关者行为意向的关系

根据计划行为理论（Theory of Planned Behavior，TPB），行为意向（Behavior Intention）是指个人对采取某项特定行为的主观机率的判定，它反映了个人对于某一项特定行为的采行意愿。Ajzen（1988、1991）认为所有可能影响行为的因素都是经由行为意向来间接影响行为的表现。他认为行为意向受个人态度、外在主观规范及知觉行为控制影响。个人态度的形成主要受情感（如需求感满足、成就感追求、恐惧感逃避等）和个人背景（知识、经验、认知、家庭、教育等）因素的影响。外部主观规范的建立受周遭因素包括亲朋好友、同学、同事，宗教、文化、广告媒体等影响。个人主观态度和周遭因素对每个人行为意向的影响程度各异，主观意识越强的人其行为意向受周遭因素的影响越弱，反之，主观意识越弱的人其行为意向会更多地受周遭环境的影响。但无论是个人的态度还是外部主观规范的形成实际上都是个体在与各类信息接触的过程中，不断进行信息加工的过程。

认知反应模型理论（Greenwald，1968）提出认知反应会影响最终的态度改变，甚至成为态度改变的基础。而认知反应就是发生于信息传播活动过程之中或之后的积极思考过程或活动。利益相关者对企业社会责任活动的回应是一个复杂过程，是从知晓、感知到评价、态度到形成行为意向、最终采取具体行为的过程。目前，大多数关于企业社会责任与利益相关者响应的研究存在一个假定，即利益相关者对企业社会责任的感知与实际企业社会责任情况是基本一致的，但现实并非如此。事实上，利益相关者对企业社会责任的感知水平不高（Pomering 和 Dolnicar，2009），企业社会责任的感知与实际的企业社会责任状况之间存在差异，造成差异的主要原因之一是企业社会责任信息的不对称。企业的外部利益相关者很少有机会直接参与企业的日常经营活动，在对企业不熟悉的情况下，信息是评价企业的主要来源和依据。企业社会责任信息披露所产生的情感会作为说服过程中的线索，从而增强或减弱受众对社会责任信息的加工和对企业的喜爱程度。利益相关者由信息披露所自发产生的想法直接中介影响态度的形成和变化。当企业通过不同渠道和方式向利益相关者传播不同性质的社会责任信息时，利益相关者将产生不同的认知反应和态度，利益相关者对企业社会责任信息的反应首先表现在意识层面，包括利益相关者对企业投入社会责任活动情况的认知、态度和内心评价，意识的改变最终影响利益相关者的行为意向。

3.3.1.1 企业社会责任信息与购买意向

消费者是企业最为重要的利益相关群体，企业的产品和服务的价值需要通过消费者来实现。消费者对企业社会责任的回应依赖于其期望和感知的一致性。消费者对企业社会责任行为的期望是否被满足或超越将影响其对企业产品的态度（接受或抵制）。随着公众对社会责任理念的普遍认同，公众对企业社会责任的期望在不断提高。越来越多“道德型消费者”（Ethical Consumers）不能容忍那些未能承担社会责任的企业，并且会惩罚他们（Dawkins 和 Lewis，2003）。“道德型消费者”试图通过实际的购买行为或抵制行为来表达他们的道德价值取向。这类消费者更愿意支持环境友好型产品，抵制“无良工厂”的产品和服务。当消费者得知某一企业为社会责任事业付出努力的信息后，可能会更偏向于购买这家企业的产品 。当然，在了解企业社会责任活动信息的情况下，价格仍然是影响费者购买意向的主要因素，但在同等条件下，相比不负责任企业生产的产品来说，消费者可能更愿意高价购买负责任企业生产的产品或服务。正面的企业社会责任绩效信息有助于增强消费者对企业的认可和信任，并传递出该企业的产品和服务优于其他企业的信号，而负面的企业社会责任信息可能会对产品的整体评价产生不利影响。相比于正面的社会责任信息，消费者可能对负面的社会责任信息更加敏感。

基于以上理论分析，提出本研究的研究假设 1。

H1：企业社会责任信息与消费者购买意向正相关，正面积极的社会责任信息会增强消费者购买意向，反之，负面的企业社会责任信息会降低消费者购买意向。

3.3.1.2 企业社会责任信息与求职意向

高素质的人力资源为企业组织提供持续的竞争优势。招聘是人力资源管理的关键要素之一，因为其决定了将要服务于企业的潜在个人的特征。能吸引优秀求职者的企业在企业招聘活动中将有较大数量的合格申请人可供挑选。企业成功招聘到高素质员工的一个重要要素是增强求职者的求职意向。求职是一个双向选择的过程，企业在寻找合适员工的同时，员工也在寻找满意的组织。现代企业员工自我意识不断成熟且对工作价值的追求更高，员工可能会关注企业的社会道德行为和企业的社会地位。Nyborg 和 Brekke（2005）提出雇员的道德偏好与道德激励模型，认为个体的社会责任道德偏好不同，社会责任道德偏好高的雇员更加愿意在积极履行社会责任的企业中工作，并且在相同的努力水平下愿意接受比社会责任道德偏好低的企业雇员更低的工资，或者在同样的收入水平下，愿意付出更多的努力。

根据信号理论，企业社会责任绩效信息传递了有关企业工作条件、企业标准、价值观和规范的信号（Turban 和 Greening，1997）。求职者更可能被一个他们认为有标准、价值观和规范的企业所吸引。当一个企业的社会责任信息经常显示出企业的道德价值和规范，这些信息提升求职者感知到的企业声誉的可能性更高，求职者求职意向也会随之增强。企业涉及员工的安全、培训、职业生涯规划、福利和失业保障等方面的社会责任信息与员工的未来自身利益有关，对求职者的求职意向会有显著影响。

基于以上理论分析，提出研究假设 2。

H2：企业社会责任信息与求职者求职意向正相关。正面积极的社会责任信息会增强求职者求职意向，反之，负面的企业社会责任信息会降低求职者求职意向。

3.3.1.3 企业社会责任信息与投资意向

由于投资者和被投资者之间存在信息不对称性，特别是资本市场上的中小投资者在进行投资时并不能直接了解被投资企业的真实情况，处于信息的劣势地位。但投资者可以根据一些间接信息来判断企业的情况从而选择投资对象。同样，企业在筹资过程中也希望能够向外界传递良好的信号以吸引更多的投资。

在信息不对称的情况下，企业的社会责任信息向资本市场的投资者传递了企业私有信息，帮助投资者进行甄别和选择。企业投资者以及潜在的投资者通过企业履行社会责任活动的信息意识到具有强烈社会责任感的企业所具有的无形资产的价值，从而对企业未来收益形成良好预期。同时，在投资者看来，企业的社会责任活动减少了企业各方面的不确定性，降低了企业风险，即便当资本市场产生波动或本行业发生信任危机时，勇于承担社会责任的企业也更易于降低风险，使危机尽快得到化解。企业社会责任为企业提供“信誉担保”，在波动环境中起到风险缓冲作用，因而避免企业价值损失。因此，投资者的投资决策更倾向投资于履行社会责任的企业，有可能不惜溢价购买公司股票以降低投资风险。

根据信息披露理论，公司的信息不对称程度在很大程度上由其信息披露政策和实践决定，完善的信息披露能够有效降低公司的信息不对称程度，进而降低外部融资成本。这一理论也得到了经验证据支持。企业信息披露从内容上可分为财务信息披露和非财务信息披露。现有的理论和实证研究表明，非财务信息与财务信息类似，也是外部投资者了解公司状况的重要信息来源。非财务信息披露有助于降低公司的信息不对称程度，减少投资者的不确定性或风险，进而降低公司的交易成本。而作为司非财务信息的重要组成部分，企业社会责任信息自然也不例外。企业社会责任信息越来越受到市场的关注，扮演着与财务信息类似的角色，能够降低企业信息不对称程度。一般而言，良好的企业社责任信息披露可以给资本市场的投资者提供更多的非财务信息，有助于他们对公司未来的收入、成本、风险和业绩等做出更好的判断，降低他们评估公司时的不确定性。在资本市场中，企业外部的投资者在对企业社会责任行为及其业绩获得信息并感知的情况下，产生进行投资、拒绝投资和退出投资等行为意向或实际行动表达对企业社会责任行为的支持或抵制的反应。

基于以上的理论分析，提出研究假设3。

H3：企业社会责任信息与投资者投资意向正相关。正面积极的社会责任信息会增加投资者投资意向，反之，负面的企业社会责任信息会降低投资者投资意向。

3.3.2　企业社会责任信息与企业声誉的关系

声誉理论将声誉看作人们对公司信息的一种综合认知，它是一个公司在可持续的经济、社会和环境三个维度上的行为和结果与利益相关者进行沟通的过程中逐渐建立起来的。为了创建良好声誉，企业必须进行声誉投资。企业在履行社会责任方面的投入是声誉投资的重要内容。管理者在有利于公司声誉的社会活动上进行投资，如果没有相关的信息传播也很难实现声誉资产的价值。因为，公司声誉的形成是一个复杂的社会认知过程，它涉及公司的很多信息在利益相关者网络中的传递、扩散、处理，是公司的各种信息在利益相关者信息空间中的加工处理。其实质是公司的数据、信息和知识在各类利益相关者之间的流动并发生作用的结果。认知和信息传播在声誉的形成中起着重要的作用（缪荣和茅宁，2006）。

声誉既取决于经济主体自身的行为能力，又和其他主体的认知有关。而影响其他主体认知的因素主要是其掌握的信息。社会责任报告的基本目标是向各个利益相关者披露公司在经济、环境、社会三方面信息，如果不能清晰地了解利益相关者对信息的合理预期和兴趣，也就无法编制恰当的报告。因此，社会责任报告编制的过程包括利益相关者识别和披露的程序。公司在识别和认定重要利益相关者的过程中，不仅能够了解各个不同利益相关者对社会责任报告的不同预期和兴趣，还能加强与利益相关者的沟通，这也正面影响利益相关者的认知和评价。一个企业在行动上积极履行企业公民责任的同时，如果能运用有效的传播与沟通策略，使企业的公民责任行动和贡献为更多的人所认知，特别是让企业利益相关人群获悉相关信息，那么将会正面影响企业利益相关者对它的认知印象，降低声誉风险，改善并提升公司的声誉。企业社会责任是企业声誉的重要驱动因素，随着时间的推移能够为企业创造经济价值，在企业社会责任与企业声誉的关系中，利益相关者的感知和评价基于对信息的处理。

基于以上的理论分析，提出研究假设4。

H4：企业社会责任信息对企业声誉具有显著影响，正面积极的企业社会责任信息会提高企业声誉，负面消极的企业社会责任信息会降低企业声誉。

3.3.3 企业声誉与利益相关者行为意向的关系

声誉信息是某个经济主体过去一切行为特征及结果的综合体现，反映了其向各类利益相关者提供有价值的产品或服务的能力，及其在各利益相关者的关系中所处的相对地位。公司声誉反映了一系列利益相关者（如消费者、员工、投资者和公众）对公司的总体认知、态度和评价。声誉有信息传递功能，它会在企业利益相关者之间传播与交换，形成信息网络，信息的交流可以降低信息不对称，减少信息扭曲。在现代市场经济条件下，由于经济活动的不确定性和信息不对称问题普遍存在，各经济主体的内在特质是难以观察的。依靠各交易主体对自身声誉的看重，可以建立起各利益关联方对企业的信任，从而能够极大地降低信息不对称所带来的诸如契约建立的谈判、执行及维护等种种交易成本，从而为其带来潜在的获利机会。因而从行为主体的角度来看，声誉又可视为在行为人之间存在信息不对称的情况下，处于信息优势的交易方向没有信息优势的另一方所发出的一种标准承诺。

良好的企业声誉对企业的利益相关者，如客户、投资者和求职者来说是一个积极的信号，可以向利益相关者传递可信赖、负责任、高品质和追求卓越等信息。当市场信息不对称时，企业声誉成为消费者购买决策过程中一个很重要的替代信息，因此，企业声誉会一定程度地影响消费者购买意向。由于信息不对称，潜在雇员通过企业声誉信号来推断企业的工作条件或环境。求职者往往无法很深入地了解一个公司，他们会利用他们有关这家公司声誉的信息和经验作为求职意向的指导。求职者在去一家公司实际工作之前很难获得这份工作各方面的综合评价，也就是说，在招聘初期求职者没有足够的时间来决定申请哪份工作及不考虑哪份工作。求职者在一定程度上将他们对招聘企业声誉的认知作为指导他们求职意向的一个信号。因此，良好的企业声誉可以发挥信号甄别的功能，可以帮助企业在市场上吸引到更好的潜在雇员。公司声誉信息也会提高企业交易透明度，降低交易风险，降低交易成本，因此，投资者更愿意与具有良好声誉的公司交易并保持长期合作。

企业声誉会影响企业利益相关者对企业的认同和信任。企业良好的声誉会增加各利益相关个体对企业的认同感和依赖感，影响他们的个人心理感知，进而对企业形成正面的印象。同时，信任可以降低社会中存在的不确定性，降低风险。企业声誉是社会大众对企业的主观印象，而人往往会依自己的主观想法做出决策。当一个消费者感觉该企业没有竞争力，没有实力，且不遵守承诺，不正直，不具备提供较好的产品和服务时消费者的信任度就会很低，消费者的购买意愿自然就会很弱。潜在的求职者在求职时会寻求自我认同的地位，而求职者对于自己所认同的企业，应聘意愿也会较高。企业声誉是企业行为取得社会认可评价的综合表现，良好的声誉有助于企业获得外部资源、机会和支持，它被看作企业竞争优势的主要来源。企业声誉的好坏影响着该企业的市场生存和发展空间，如果企业具有良好的声誉就意味着更大的竞争优势，能够借此赢得更多的利益相关者支持。

企业声誉可以提高企业的差异化，与竞争对手形成区隔。现实中，大量企业通过建立品牌、提供高质量的售后服务等方式建立起良好的市场声誉，这样可以有效地将自己与其他竞争对手区分开来，从而在交易中获得额外的收益。企业声誉对产品、公司差异化的积极影响有助于提高消费者向负责任公司购买产品或服务的意愿。在市场上各企业的产品或服务存在同质化的情况下，消费者可能更不乐意从不负责任的企业购买产品或服务。企业声誉对产品、公司差异化的积极作用在竞争度高的行业更明显。在人力资源市场上，很多企业采用的招募方式、内容及渠道等雷同较多，企业间的差异和区隔不明显。声誉良好的企业可与其他雇主有明显区隔时，能吸引到更多的求职者，缩短招募时间并降低招募成本。而对于投资者来说，企业的声誉使得他们对未来的投资回报形成稳定的预期，这对于促进持续的投资和新投资者的加入是至关重要的。

基于以上的理论分析，提出研究假设 5 至假设 7。

H5：企业声誉与消费者购买意向正相关。

H6：企业声誉与求职者求职意向正相关。

H7：企业声誉与投资者投资意向正相关。

3.3.4 企业声誉的中介作用

过去，企业对维护企业声誉的努力多关注于产品发展与企业品牌宣传上，而在企业社会责任理念日渐深入人心的今天，企业社会责任绩效对企业声誉的影响已不容忽视。企业的社会责任行为藉由企业与外部的沟通如企业社会责任相关信息披露帮助企业在利益相关者心目中树立良好的形象，维持较高的社会声誉。具有良好社会声誉的企业更有可能加强企业与利益相关者的关系以获取他们的支持。对很多利益相关者而言，可能不会主动关注并收集企业社会责任信息并用于决策，但可能或多或少地都会受到企业声誉的影响。部分利益相关者在接受到企业社会责任信息后，其行为响应可能是滞后于对企业声誉的评价。因此，企业社会责任信息对利益相关者的行为意向的影响可能是通过企业声誉间接实现的。

基于以上文献分析，提出研究假设 8 至假设 10。

H8：企业声誉对企业社会责任信息与消费者购买意向之间的关系起中介作用。

H9：企业声誉对企业社会责任信息与求职者求职意向之间的关系起中介作用。

H10：企业声誉对企业社会责任信息与投资者投资意向之间的关系起中介作用。

3.3.5 企业社会责任价值认知度的调节作用

认知在心理学中是指通过形成概念、知觉、判断或想象等心理活动来获取知识的过程，即个体思维进行信息处理的心理功能。本书中，企业社会责任价值认知是指公众对企业履行社会责任对企业自身的意义和作用的综合看法。认知心理学将认知过程看成一个由信息的获得、编码、贮存、提取和使用等阶段组合成的信息加工系统。公众的企业社会责任价值认知受很多主观和客观因素的影响。主观因素包括个性心理特征、兴趣与动机、目标、需求、价值观、经验等，客观因素包括社会环境、文化、媒体宣传等。个体的企业社会责任价值认知是个体在长期的活动中形成的稳定的心理倾向。

企业声誉是各群体对企业过去行为的一种整体认知判断（Herbig、Milewicz，1993），公众对企业责任信息进行加工的过程中，会受到自身对企业社会责任价值认知的影响。对于持有履行企业社会责任对企业是非常必要和重要的观点的受众，企业社会责任信息对其判断企业声誉的影响也会更大，反之亦然。

根据计划行为理论，行为意向受个人态度、外在主观规范及知觉行为控制影响。企业社会责任价值认知度反映了个体的企业社会责任意识水平，企业社会责任意识越强的利益相关者，其行为意向越有可能受到企业社会责任信息的影响。

基于以上的理论分析，提出研究假设 11 至假设 14。

H11：企业社会责任价值认知对企业社会责任信息与企业声誉之间的关系起调节作用。

H12：企业社会责任价值认知对企业社会责任信息与购买意向之间的关系起调节作用。

H13：企业社会责任价值认知对企业社会责任信息与求职意向之间的关系起调节作用。

H14：企业社会责任价值认知对企业社会责任信息与投资意向之间的关系起调节作用。

3.3.6 信息可信度的调节作用

企业社会责任信息可信度是受众对企业社会责任信息的真实性和可靠性的判断。企业社会责任信息的可信度受很多因素的影响，包括信息内容、信息来源、信息传播渠道等。信息与信息接收者的感知、评价和行为决策密不可分。感知、评价和行为决策是个体信息处理的结果，信息是个体感知、评价和行为决策的依据。对于信息的使用者而言，可信度高的信息可以帮助人们做出更客观的评价和判断，反之，可信度低的信息对信息使用者的影响也会减弱。信息质量越高的企业社会责任信息对公众的说服力越强。企业社会责任信息对利益相关者的态度和评价影响会受到企业社会责任信息的可信度调节影响。受试者阅读正面社会责任信息时，信息可信度正向地影响企业社会责任信息与企业声誉、购买意向、求职意向和投资意向的关系；当受试者阅读负面社会责任信息时，信息可信度负向地影响企业社会责任信息与企业声誉、购买意向、求职意向和投资意向的关系。

基于以上的理论分析，提出研究假设 15 至假设 18。

H15：企业社会责任信息可信度对企业社会责任信息与企业声誉之间的关系起调节作用。

H16：企业社会责任信息可信度对企业社会责任信息与购买意向之间的关系起调节作用。

H17：企业社会责任信息可信度对企业社会责任信息与求职意向之间的关系起调节作用。

H18：企业社会责任信息可信度对企业社会责任信息与投资意向之间的关系起调节作用。

3.3.7 信息关注度的调节作用

企业社会责任信息关注度反映了公众对企业社会责任信息的需求程度和偏好。个体的企业社会责任信息关注度差异，会导致其在浏览信息时的行为和效果的差异。信息关注度越高的受众，越有可能在其评价和行为决策过程中主动搜寻和使用相关信息。不同的利益相关者会关注不同的企业社会责任信息。消费者对产品质量安全信息更关注、投资者则可能偏重反映企业未来成长能力的信息。企业社会责任信息的披露效应能否实现，很大程度上取决于公众对企业社会责任信息的关注、利用及对其做出的行为响应。如果公众对企业社会责任信息的关注度较低，那么，也说明其较少根据企业社会责任信息调整自己的评价和行为倾向。受众对企业社会责任信息的关注是进一步对其进行利用的基础。了解受众对企业社会责任信息的关注程度和关注内容，有利于企业社会责任信息披露的策略研究，帮助改善企业与利益相关者之间的信息交流与沟通。一般而言，受众会对直接影响自身生活的社会责任信息更为关注。随着公众企业社会责任意识的提升，对企业社会责任信息的关注度也会提高，企业社会责任关注度对企业社会责任信息的披露效应的影响也会显现。

基于以上的理论分析，提出研究假设 19 至假设 22。

H19：企业社会责任信息关注度对企业社会责任信息与企业声誉之间的关系起调节作用。

H20：企业社会责任信息关注度对企业社会责任信息与购买意向之间的关系起调节作用。

H21：企业社会责任信息关注度对企业社会责任信息与求职意向之间的关系起调节作用。

H22：企业社会责任信息关注度对企业社会责任信息与投资意向之间的关系起调节作用。

3.4 本章小结

本章在文献回顾的基础上建立了研究的理论框架，将企业社会责任信息作为前因变量，利益相关者行为意向作为利益相关者对企业社会责任信息响应的结果变量，并进一步研究企业社会责任信息对企业主要利益相关者意向的直接影响过程和通过企业社会声誉对利益相关者行为意向的间接影响过程。本研究强调企业社会责任信息披露与传播的重要作用，并提出企业的社会责任行为及活动必须通过社会责任信息的披露和传播去影响利益相关者对企业社会责任表现的感知和评价，这种感知和评价可能直接影响利益相关者的行为意向，例如求职者的求职意向，消费者的购买意向及投资者的投资意向，同时，这种感知和评价也会影响企业社会声誉，其社会声誉进一步影响更多利益相关者的行为意向。而企业利益相关者的行为意向最终导致了影响企业价值的决策行为。从企业的社会责任行为、利益相关者决策行为到最终影响企业财务绩效的过程中，社会责任信息的披露和传播是一个不可或缺的重要环节。社会责任信息直接影响了外界对企业声誉的评价以及利益相关者的响应程度和走向。

本书以企业社会责任信息—企业声誉—利益相关者行为意向为研究主线，分析企业社会责任价值实现的过程和中间路径，探究企业社会责任信息、利益相关者行为意向与企业声誉两两之间的关系，企业声誉在企业社会责任信息与利益相关者行为意向之间的中介作用，及企业社会责任价值认知度、企业社会责任信息可信度和企业社会责任信息关注度在企业社会责任信息与企业声誉、购买意向、求职意向和投资意向关系中的调节作用。在此构建了后续需要检验的概念模型（如图 3-3 所示），并提出本书的研究假设。

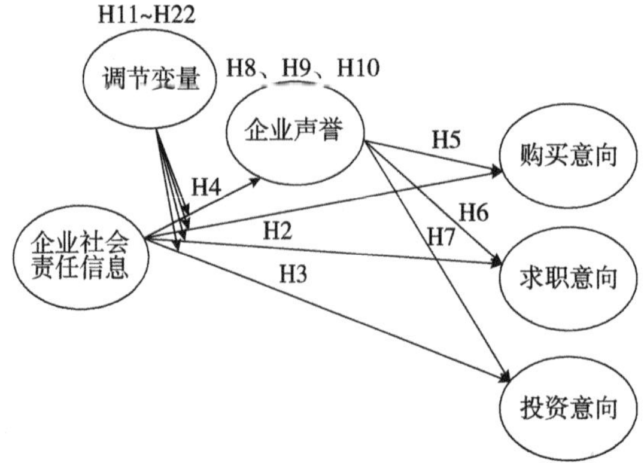

图 3-3　概念模型及研究假设

4 研究方法与研究设计

第3章对企业社会责任信息、企业社会声誉以及利益相关者意向三者关系进行了阐述，并构建了概念模型，提出了本书的研究假设。本章主要介绍研究中采用的研究方法和具体的研究设计过程，包括深度访谈、实验研究、量表及调查问卷设计。

4.1 深度访谈

深度访谈（In-depth Interview）又称无结构访谈或自由访谈，是一种无结构的、直接的、一对一的访问形式。它与结构式访谈相反，并不依据事先设计的问卷和固定的程序，而是只有一个访谈的主题或范围，由研究者与被访者围绕这个主题或范围进行比较自由的交谈。

深度访谈作为社会学研究领域中应用普遍的一种定性研究方法，其优势是研究者与被访者之间能够在短时间内针对研究主题展开语言互动与对话，灵活性强，有利于充分发挥访谈双方的主动性和创造性。研究者可以从这种对话与互动中获得最直接的研究资料，便于研究者在研究过程中逐步拓展讨论范围，可以克服问卷调查法中无法回答的问题，能深入探究某一问题，问题可以更具开放性，调查数据也更具个性化。研究者对访谈内容的洞察及主观分析，通常也是后续调查问卷的设计基础，并将对本书实证研究结果的分析提供更有现实意义的解释。

前述的研究通过对国内外相关文献的梳理、分析和推演，从理论上构建了企业社会责任信息、企业声誉及利益相关者行为意向关系的理论模型。但现实中，特别是在中国情境下，企业的利益相关者们如何看待上述变量，是否支持理论推演的各个变量之间的关系，通过面对面的深入访谈可以获取受访者对这些问题最直接、最真实的看法。通过深度访谈，我们还想了解企业利益相关者如何获取和理解企业社会责任信息以及他们对社会责任信息的反应。深度访谈内容也有助于后续调查问卷的设计，有利于研究者在调查问卷的题项中用利益相关者最容易理解的语言描述问题，避免歧义和误解，从而能够更准确地获得信息使用者站在潜在的求职者、消费者及投资者不同立场对本书研究的焦点问题发表的看法。

4.1.1 访谈提纲

正式访谈通常需要按事先拟好的提纲进行，但提纲通常只起到某种提示作用，访谈的实际进程需要根据具体情况对访谈内容进行灵活调整，访谈者应鼓励受访者提出自己的问题。本书主要研究企业社会责任信息对企业声誉和利益相关者行为意向的直接影响，以及企业社会责任信息是否通过企业声誉对利益相关者态度和行为产生间接影响。本书期望通过调查了解受访者对企业社会责任的认知及他们对企业社会责任信息的需求和反应。因此，前期的深度访谈确定了以下主要问题：

①您对企业社会责任有什么了解？如不清楚，可以举例提示。

②您通过哪些途径获取企业社会责任信息？您认为这些信息的可信度如何？

③您认为企业潜在的利益相关者（如消费者、求职者及投资者等）会关注企业的社会责任表现吗？您关心吗？

④您认为企业潜在的利益相关者在其决策（如购买商品、投资、求职）过程中会受到目标企业社会责任信息的影响吗？

⑤您认为企业社会责任信息会影响企业声誉吗？

⑥您认为企业声誉会影响企业利益相关者的行为意向吗？

4.1.2 访谈的实施

本次访谈共选择了7位受访者。选择访问对象时，考虑到熟悉的受访者可能更乐于接受和回答所提出的问题，也更能随意地表达其真实的想法，所以，受访者均来自研究者身边的熟人。为了使访谈的观点具有更好的代表性，研究者有意挑选了不同职业背景、学历、年龄、性别的访谈对象。但是，考虑到企业社会责任话题的关注度可能与受访者的职业和教育背景相关，研究者选择的受访者大都具有较高的学历、良好的职业背景和经济基础。访谈对象中，女性3名，男性4名。受访者的年龄分布在20~

50岁，学历都在本科水平以上。除1名在校研究生外，其余6名都是具有较多工作经验和一定经济能力的人员。

研究者优先采取面对面与受访者交谈的形式，访谈地点主要选择在办公室和茶社，但由于其中一位受访者的时间限制改为通过电子邮件进行交流，还有一位在外地工作的受访者采用视频聊天的方式进行访谈。面对面的访谈时间控制在1个小时左右，整个访谈在非常轻松愉悦的气氛中进行。访谈前征求了受访者的同意，对访谈进行了录音，并承诺受访者个人隐私和看法仅作为学术研究，打消了受访者的顾虑。

访谈之前研究者详细列出了访谈题目，并让受访者提前浏览了问题。为了访谈的顺利进行，访谈开始前对企业社会责任信息、利益相关行为意向的概念界定进行了说明。访谈大纲在访谈中仅用来作为提示，正式进行访谈时根据情况顺序可能被打乱。如果遇到受访者特别有心得体会的部分，会加强对这一部分的讨论。通过研究者的解释和启发，7位受访者根据自己的经验和感受，对相关问题进行回答，访谈过程非常顺利。访谈过程中，研究者刻意避免一问一答式带给受访者的压力，鼓励受访者从不同角度对问题提出自己的看法。受访者中有两位来自上市公司的管理人员，他们所在的公司都会发布独立的企业社会责任报告，对本研究话题有较多直观感受。一位来自高校的受访者其研究方向也涉及社会责任领域。这几位受访者对企业社会责任问题的看法超出了研究者的预期，与他们的交流互动，给了研究者意想不到的启发。

在访谈的过程中，还请每一位受访者填写了预先设计的调查问卷，针对读不懂或者理解不清的题项，经过与受访者沟通达成共识后进行了调整，从而初步形成了具有可测性的问卷。

访谈结束后，所有的录音材料被传入电脑音频播放并进行了抄录。通过电子邮件进行的访谈虽然限制了研究者与受访者之间的互动，但文字作答显然促使受访者对所提出的问题进行了更多的思考和整理，其文字资料更方便分析和使用。

受访者的简要资料及访谈实施的地点和时间详见表4-1。

表4-1 深度访谈受访者概况

编号	姓名	性别	年龄	教育程度	职业	访谈地点	访谈时间
A	郭某	女	45岁	本科	上市公司高管	视频	65分钟

续表

编号	姓名	性别	年龄	教育程度	职业	访谈地点	访谈时间
B	卢某	女	43岁	博士后	银行职员	茶社	90分钟
C	朱某	男	38岁	硕士研究生	会计师事务所注册会计师	邮件	
D	王某	男	47岁	硕士研究生	上市公司中层管理人员	办公室	60分钟
E	赵某	男	36岁	博士研究生	高校教师	办公室	70分钟
F	黄某	女	23岁	硕士研究生	在校学生	办公室	50分钟
G	孙某	男	46岁1	本科	私企老总	办公室	40分钟

4.1.3 访谈结果分析

访谈结束后，研究者对录音资料和邮件内容进行了整理归类和分析。结合相关文献，分析整理出来的各个变量之间的逻辑关系，为实证研究中检验结果提供了有力的支持和解释。

4.1.3.1 企业社会责任认知

企业社会责任这个名词对受访者而言一点都不陌生，受访者结合自己的经验和感受谈了对企业社会责任的了解。通过访谈发现，受访者虽然无法准确、全面地说出企业社会责任的概念，但都能说出企业社会责任的部分内容。

受访者A来自一家上市公司，她认为企业社会责任履行应结合企业的业务特点重点关注。“企业社会责任现在是一个非常时髦的词，政府领导大会小会的报告中都少不了提到社会责任这个词，但是，要讲明白到底什么才是企业的社会责任也是一个难题。对我们企业而言，员工责任和环境保护责任是提得最多也做得最多的。因为，我们是矿产生产企业，员工生产安全问题对领导而言是关乎乌纱帽的大事。此外，环境污染问题是公众和媒体最关注的问题，做得不好对企业声誉影响巨大。我想理论上的企业社会责任的范围可能是比较广的，但是，具体到企业层面，企业不可能花费那么多时间和精力面面俱到地执行和实施。每个企业能具体结合自己的行业特征抓住主要责任，我觉得就很好了。”

受访者G自己经营了一个公司，公司规模不大，处在企业初创阶段。他道出了我国小型私营企业管理者的看法。“如今国内经济环境不太好，我的公司生存是首要问题。环境责任、社会慈善这些我也想做啊，可我没这个经济实力。如今很多知名企业将企业社会责任当作包装企业的道具了。其实，我觉得企业的社会责任很简单，提供高质量的产品或服务，诚信地履行合同，不拖欠供应商的货款，按月向员工发放工资，这些都是企业的社会责任，一般的企业能做好这些，我觉得就是一个负责任的企业了”。

受访者 E 是来自高校的学者，他本人也在做有关企业社会责任方面的研究，他对企业社会责任的理解更全面和专业。“我本身就在做有关企业社会责任方面的研究，所以，对企业社会责任的理解可能更多些。学术界有关企业社会责任的定义和争论很多，但总的来说，企业的社会责任就是企业在关注自身的利益与发展之外，还应该对社会中其他的利益相关者所履行的责任。企业主要责任包括对员工、客户、供应商、股东的责任以及对环境的责任等。”

受访者 B 在一个银行做咨询顾问，她所在的企业非常重视企业文化的培育。“我认为企业社会责任是企业的价值观，它应该反映在企业活动各个方面。对我所在的企业来讲，企业社会责任已经融入企业文化、企业使命甚至企业价值观中。我们企业的其中一个价值观就是关爱。所谓关爱就是去爱每一个人，不仅是员工，更广泛的相关利益者也值得关爱。”

其他几位受访者谈到企业社会责任时，几乎都讲到产品质量和环境保护。他们认为企业最重要的责任就是提供安全高品质的产品和服务，其次是在生产过程中减少对环境的破坏和污染。从访谈中，可以发现公众的企业社会责任认知度比预想要高。

4.1.3.2 企业社会责任信息来源及信息可信度

企业社会责任信息的披露、传播方式和渠道很多。发布独立的企业社会责任报告是企业主动披露的最主要方式。企业信息传播渠道主要是网络媒介，如公司网站、企业官方微博、微信，有的企业也会采用记者发布会进行企业公益宣传，少数企业通过公益广告、产品包装等手段宣传企业社会责任活动。

7 位受访者都表示他们了解社会责任信息的主要渠道是网络。网络公众媒体是公众首要的信息来源，公司网站被视为第二个最重要的信息来源。受访者表示很少会主动搜索有关企业社会责任方面的信息，但每天上网也会关注到企业社会责任信息，特别是有关企业社会责任方面的负面信息更容易被注意到，看后印象也更深刻。除了网络之外，人们偶尔也会通过公益广告及企业宣传活动来了解企业社会责任信息，至于年报及独立报告却少有人提及。受访者中，有 5 位受访者表示知道企业社会责任报告，其中，2 位来自上市公司的受访者，其所在公司就发布过独立的企业社会责任报告。有两位受访者表示没有听说过企业社会责任报告。除来自高校的受访者 E 表示因为学术研究的需要，认真阅读过企业社会责任报告外，其他 6 位均表示未读过企业社会责任报告。

受访者 D 来自一家上市公司，该公司在企业社会责任信息披露方面做了很多工作。“在过去的几年中，我们公司已经连续几年发布独立的社会责任报告。在公司官网上开设了专门介绍企业社会责任履行情况的网页，上面有很多图片、视频还有文字很详细地宣传了我们企业在环境保护、慈善捐助、员工培育和参与当地社区服务的各种活动。因为我们公司是国有企业，企业形象非常重要。因此，在这方面确实投入了不少资金。我们公司还创建了企业博客，公司员工、团队或发言人可以分享自己的意见，并公开参与讨论公司的相关问题。”

在中国企业发布社会责任报告的热潮背后，公众主动阅读企业社会责任信息的意识和动机却是很弱的。这种矛盾表明，企业社会责任报告在中国的发展时间还较短，利益相关方对企业披露的社会责任信息的需求仍旧不足。

对于企业社会责任信息可信度，4 位受访者表示企业自己披露的社会责任信息可信度一般。如果是外部媒体发布的企业社会责任信息可信度相对较高。有 2 位受访者认为企业社会责任信息可信度较低。有 1 位受访者认为企业社会责任信息可信度较高。

受访者 E 说：“由于研究的需要，我曾经对上市公司发布的独立的企业社会责任报告进行过调查，发现很少有企业披露负面信息，几乎所有社会责任报告都是自我表扬的内容，每个企业看上去都像是道德的楷模，这些信息真的让人怀疑。而且，现在只有少数企业引入了第三方验证。大家可能不知道，安然公司在爆出会计丑闻倒闭之前，获得很多企业社会责任奖杯，安然公司每年在企业社会责任部门花费大量资金，进行自我包装。可是，现实却让人惊讶。所以，我倒是对能够主动披露企业在履行社会责任过程中存在问题的企业心生好感。”

受访者 A 说：“现在是网络时代，企业社会责任报告都是需要在网络上公开的，企业通常不会主动披露自己的负面信息，因为无法预测公众对主动披露负面信息的反应。当然，正面的或者无关痛痒的信息也不至于去造假。”

受访者 F 说：“我不会主动关注企业的社会责任信息，但是，网络上经常会爆出一些企业社会责任方面的负面新闻，我还是会看，有时候看过之后，还会转发到我的朋友圈。尽管网络信息经常真假混杂，但我觉得由媒体曝光的企业负面信息可信度还是很高的。”

4.1.3.3 企业社会责任信息对企业利益相关者行为意向的影响

当被问到“你看到或听到有关某企业社会责任方面的一些负面或正面报道或信息后，是否会影响你购买该企业产品或服务的意愿，并相信该企业是有社会责任感的（无社会责任感的）”时，7 位受访者都表示可能会受一些影响，但影响程度的大小，主要看信息内容。7 位受访者表示如果看到或听到有关产品质量方面的负面信息，购买其产品或服务的意愿肯定会降低，有 6 位受访者直接表示会放弃购买该企业产品。但如果是环境责任、员工责任等方面的负面信息，有 3 位受访者表示对其购买意愿影响不大，购买商品时价格和产品质量是他们首要考虑的因素，另外 4 位表示员工责任方面的信息会影响其购买意愿。

受访者 A 说：“在价格和质量差不多的情况下，我想我会先选择社会责任感更强的企业。如果一家企业在员工安全和培训方面做得很差，在生产过程中，肆意污染环境，那么这样没有道德的企业生产出来的产品更难让人放心。”

受访者 C 说：“一个对社会负责任的企业一定会对它的消费者负责任，生产的产品或提供的服务一定有很好的可信度。”

受访者表示作为消费者普遍认为社会责任水平高的企业，不会为了企业短期的利润做出损害消费者权益的事情，这样的企业提供的产品和服务也更受消费者青睐。企业在产品营销过程中，通过产品包装、广告及营销活动，适当发布一些有关企业在保护环境、关爱弱势群体等社会责任方面的努力和成效的信息，可以向消费者传递企业诚信道德的形象，这些信息会增加消费者对企业的信任感，提升消费者的购买意愿。通过访谈发现，消费者的购买意向主要受价格、功能、质量等因素的影响，但在同等条件下，消费者则会优先考虑社会责任方面表现突出的企业的产品和服务。企业社会责任信息对其购买决策会产生一定影响。

当被问到“在了解到有关某公司企业社会责任方面的正面（负面）信

息后会影响其辞职或应聘该企业的意愿吗”时，5位受访者都表示可能会受一些影响，但影响程度的大小，主要看信息内容。2位受访者表示社会责任信息不会影响其求职意向。

受访者F说：“找工作的时候，肯定会对想要应聘的企业做些了解。我想我会通过企业官方网站去了解。当然，比较关注企业员工薪酬福利、员工培训和发展方面的信息。”

受访者E说：“如果看到我准备应聘的企业污染排放量超标、员工生产安全发生严重事故等负面消息，我肯定担心自己是否会成为企业不道德行为的牺牲品，这类消息会影响我应聘该企业的意愿。”

受访者C说：“如果我正在找工作，那么我会通过各种渠道去了解企业的工作条件、培训、教育、报酬、职务晋升等状况，如果有专门的企业社会责任报告提供这些信息，我想是非常有用的。只是，现在还较少有人知道企业社会报告里到底包含了哪些自己需要的信息。我觉得企业社会责任报告宣传得不够，没有发挥它应有的作用。”

受访者G说：“企业履行社会责任体现了企业的经济实力，一个企业之所以会履行社会责任完全建立在经济实力的基础上。那些没有经济实力基础的企业是不会考虑社会责任的。因而，倘若一个企业比较好地履行社会责任，那么这个企业的经济实力一定不会很差，去这样的企业工作，经济前景预期会更好。”

受访者D说：“一个有较好社会责任感的企业，必然会对企业的员工更加重视，会对他们的未来发展、各种薪酬福利待遇、工作环境等方方面面考虑得更多。”

受访者B说：“我们公司把企业履行社会责任看作企业文化的一部分，具有这种企业文化的公司，着眼于未来，不只是盯着眼前的经济利益，而是谋求企业未来的发展。我觉得求职时应该看得更长远些，我想我会看重企业文化是否符合我的价值观念。”

有2位受访者没有把企业社会责任履行状况视为就业时的一个考虑因素，并认为企业社会责任与个人的求职不相关。受访者F说：“企业履行社会责任是企业的事，与自己求职没有太大关系。现在高校毕业生的就业形势十分严峻，只要能找到工作，顺利就业即可，而企业社会责任的履行状况并不是我现阶段应该考虑的事情，我更在乎的是能否就业。选择求职单位，我更多地会考虑薪酬福利待遇、个人发展空间、工作地点和工作环境等，而企业社会责任表现对我的影响微乎其微。再说，我还真不知道从哪些渠道能获取企业履行社会责任的相关信息。”

访谈发现，求职者在求职中最关注的企业社会责任信息是薪酬制度、必要的培训和福利保险以及提供健康、安全、舒适的工作环境。在众多因素中，薪资福利待遇的好坏无疑是对初入社会的高校毕业生影响最大的。

当被问到“在了解到有关某公司企业社会责任方面的正面（负面）信息后会影响其买进（卖出）该公司股票的意愿吗”时，有 3 位受访者表示如果是严重的负面信息会考虑抛出该公司股票。有 2 位受访者表示没有太大影响。

受访者 G 说：“如果我是投资者，我其实还有一个疑惑，即企业在社会责任方面的投入可能对企业声誉有一点影响，但期望企业社会责任投入转化为更高的销售额或利润好像也不太现实，很多情况下，企业社会责任方面的投资对企业来说只能是一项费用，我不希望我投资的公司将过多的资金用于慈善捐助等方面。”

尽管受访者大部分认可并支持企业的社会责任行为，但还是有一部分受访者对企业从事社会责任活动提出了质疑。

受访者 C 说：“现在很多企业做慈善捐助也是迫于公众和舆论的压力，特别是在重大灾害发生的时候。有的企业不捐款网民都不放过它们呢。对于一些资金压力比较大的国有企业，这样的捐助行为我认为是有害于企业发展的。如果我购买了这家企业的股票，我会担心这样的慈善背后对我的投资收益有影响。而且我觉得企业自愿披露的社会责任信息通常没有什么决策价值。”

访谈发现，企业社会责任信息对利益相关者行为意向的影响不同。企业社会责任信息对消费者的购买意向影响最大，对求职意愿和投资意愿影响比较微弱。访谈还发现企业社会责任负面信息比正面信息影响大。多数受访者表示，看到或听到有关某公司企业社会责任的正面信息后，会增加对该企业的好感和信任，但并不会立即影响到其行为意向。但 90%的受访者表示，他们在看到或听到有关某公司企业社会责任的负面信息后，会明显影响到其购买、求职和投资意愿。

负面消息对企业声誉和利益相关者行为意向的影响还受到信息来源的影响。企业主动披露自己在企业社会责任方面存在的问题，比被媒体曝光造成的不良影响要小。同样，由新闻媒体披露的企业社会责任好消息比企业自己披露的好消息影响大。受访者表示企业自己主动披露坏消息说明企业诚实守信，愿意接受公众媒体的监督。

访谈结果表明尽管受访者表示企业社会责任对其行为意向会有影响。但目前，利益相关者还处在被动接受企业社会责任信息的阶段，在其行为决策中，较少主动搜集和获取企业社会责任信息。这也启发企业管理者积极主动地宣传企业社会责任工作是非常必要的。企业可以通过更多渠道与利益相关者进行对话和沟通，增强公众对企业的了解，影响公众对企业的态度和行为，并鼓励外部媒体和其他第三方参与企业的社会责任活动，控制和引导舆论环境。如果放弃主动披露与宣传，任外部媒体评说，可能不能够展示企业真实情况。

4.1.3.4 企业社会责任信息对企业声誉的影响

7位受访者都认为企业社会责任信息对企业声誉有重要影响。

受访者E说："优秀的企业需要保持企业社会责任的持续性，否则它会摧毁企业声誉。企业社会责任并不是一次性的项目，它是一项持续的工作。如果你不能持续这项工程，把它遗忘或者无法管理，你的声誉会遭遇一场灾难。"

受访者A说："我们企业对企业社会责任项目的投资，其主要目的是维护企业声誉。现在很多知名企业都会参与慈善捐款，特别是遇到特大自然灾害的时候，就是为了得到一个好名声，提高知名度。由于我们企业是矿产生产企业，我们的企业社会责任报告里有关环境保护方面的信息最突出。这些信息对我们企业的声誉有很大的影响。环境污染事件曾经给企业带来很大的危机。"

受访者G说："企业履行社会责任的承诺与企业具体的社会责任行为之间也会有差距，我更相信自己的眼睛和感受而不是企业自己的宣传报道。"

受访者D说："现在是互联网时代，信息的传播速度很快。企业在社会责任方面的负面消息一旦曝光，就有可能引发企业声誉的危机。现实中这样的例子很多。"

4.1.3.5 企业声誉对利益相关者行为意向的影响

7位受访者均表示企业声誉会对其购买、应聘及投资行为产生一定影响。

受访者A说："我经常在网上购物，选择完商品后，我通常会依据顾客评价好坏做出是否购买的决定。我认为顾客的口碑也是企业声誉的一部分，这些信息对我的购买决策会产生很大的影响。特别是电子商务时代，依据图片信息购物本身具有一定的风险，企业良好的声誉给予了顾客重复购买和质量保证的信心。”

受访者 B 说：“很多时候，企业声誉等同于企业信誉，应该是社会大众对企业的主观印象，人往往会依自己的主观想法做出决策。所以，无论是在做购买，还是求职包括投资决策时，或多或少都会受企业声誉的影响吧。如果我认为这个企业不守信，没有社会道德，对它提供的产品和服务质量肯定会产生质疑，自然购买意愿就会减弱了。”

受访者 C 说：“在商场里购物时，我可以通过自己之前的购买经历，身边朋友的口头评价还有媒体报道等对企业声誉做出判断。良好的企业声誉对我而言，是增加了我对企业产品的信任感。”

受访者 D 说：“企业社会责任信息对企业声誉的影响很大，特别是负面的信息，声誉的破坏最终肯定会影响到消费者的购买意愿。例如震惊全国的三聚氰胺毒奶粉事件的曝光，影响了中国整个乳品企业的发展，现在，有条件的消费者都买进口奶粉了。”

受访者 B 说：“我觉得具有良好声誉的企业对求职者肯定更有吸引力。求职者在去一家公司实际工作之前很难获得这份工作各方面的综合评价，往往也无法很深入地了解一个公司。自然会利用有关这家公司声誉的信息作为求职意向的指导。”

受访者 F 说：“在毕业季，有很多企业在招聘，很多情况下我们没有足够的时间来决定申请哪个工作及不考虑哪份工作。很多同学很大程度上依赖于企业的名气大小做出判断。企业声誉对于员工而言是良好发展前景和收益的符号。”

受访者 G 说：“对投资者而言，对声誉良好的企业投资预期可以得到更稳定的投资回报。良好的企业声誉可降低投资者的风险，更容易吸引新的投资者。声誉好的企业通常也更容易从媒体记者和金融分析师那里获取好的评价，所以，这样的企业更容易获取融资。”

通过访谈发现，企业声誉会影响企业利益相关者对企业的认同和信任。良好的企业声誉会增加各利益相关个体对企业的认同感，影响他们的心理感知，进而对企业产生积极影响。同时，信任可以降低社会中普遍存在的不确定性，降低风险。

4.2 实验设计

在企业社会责任会计研究中，企业社会责任信息基本上都是采用内容分析法，通过对企业社会责任报告相关内容进行分析打分，获取数据进行分析。但是，本研究的目的是探究企业利益相关者对企业社会责任信息的直观反应，研究者很难要求被调查者去阅读完整的企业社会责任报告。事实上，本研究调查发现公众很少主动阅读企业社会责任报告，对企业社会责任相关信息主要是通过网络被动获知的。因此，本研究采用了类似实验研究方法，通过情境设计来确认企业社会责任信息变量。

实验研究方法的优势在于可以系统操纵或改变一个变量，观察这种操纵或改变对另一个变量所造成的影响，在此基础上揭示变量之间的因果关系。在心理学研究中，实验研究是应用最广泛、所获成果最切实可靠的一种途径。本研究有关利益相关者行为意向的研究涉及调查者心理感受和反应，可以通过控制信息变量来观察受试者阅读后的直观反应的差异变化，这可以为研究提供最直接的研究数据。

本研究设定了一家虚拟家电制造企业，并提供该虚拟企业的有关企业社会责任方面的信息。选择家电制造企业的主要原因是与被调查者生活相关，信息关注度可能会更高。情境设计中提供了不同性质的企业社会责任信息，包括好消息和坏消息。信息是研究者从真实的家电企业社会责任报告、公司官网及公众媒体上摘选的。信息内容包括产品质量、环境保护、慈善捐助、员工培训与安全等。

4.3 量表设计

量表是社会科学领域广泛应用的一种测量工具，其特点是能够度量比较抽象的或综合性较强的概念。量表设计的好坏决定了研究质量，而量表设计的关键则是将抽象的概念经过严格界定转化为具有可操作性、可以进行测量的研究变量。

本研究的量表生成主要遵循了以下原则：一是操作化必须建立在正确的概念化基础上；二是有效的测量工具必须从一般的问项库中抽取代表性的提问；三是多问项测度原则，心理计量学家建议使用多个观测变量来测量一个概念（潜变量）；四是信度和效度原则，设计完成的量表必须通过调查数据进行相关的信度和效度检验。

本研究在进行量表设计之前收集、阅读和分析了大量的相关文献资料，在总结前人研究的基础上，对研究中的关键概念进行了界定，根据各概念变量的操作性定义设计了测量项目。本研究中的变量均采用问项来测量，其中，企业声誉、购买意向、求职意向和投资意向的量表在国外文献中已有比较成熟的量表。为了与前人的研究结论相对比，本研究基本沿用了已有量表，仅对量表中相同或类似测量问题进行了合并和归纳，每个潜在变量至少有 3 个题项。企业社会责任价值认知和企业社会责任信息关注度在文献中没有成熟量表，因此，作者基于文献和访谈设计了题项。在量表级别选择时，7 级或 9 级量表统计分析敏感度更高，但考虑到不少受访者对于用词的敏感度不强，有些用词容易让被访者困惑。比如“有些同意”和“有一点同意”，有的受访者觉得难以区分，所以，最终各变量的测量均采取李克特 5 级量表。

4.3.1 企业声誉（SY）量表

企业声誉的问卷题项主要参考 Behrend et al. （2009）量表。

SY1：我认为该公司是一家很成功的企业。

SY2：我认为该公司是值得尊敬的企业。

SY3：我认为该公司是值得信任的企业。

SY4：我认为该公司会有很好的发展前景。

4.3.2 购买意向（GM）量表

对于购买意向的测量一般会从购买可能性、购买兴趣、是否愿意推荐、再购意愿等几个方面来提出测量指标。在设计购买意愿测量项目时，借鉴了 Alniacik 等（2011）的研究成果，同时，结合我国消费者的购买心理，设计了如下 4 个测量项目：

GM1：在价格相当的情况下，我会优先考虑购买该公司生产的产品。

GM2：在产品质量相当的情况下，我会考虑购买该公司生产的产品，即使其价格略高于其他公司。

GM3：如果该企业推出新产品和服务，我非常愿意尝试。

GM4：如果我对该公司的产品感到满意时，我乐意向其他人推荐该企业产品。

4.3.3 求职意向（QZ）量表

求职意向的问卷题项主要参考 Collins（2006）的量表。

QZ1：如果该公司给我一个应聘面试机会，我会非常乐意去。

QZ2：如果该公司给我一个职位，我会很高兴地接受。

QZ3：如果能在该公司工作，我想我会非常自豪。

QZ4：我会将这家公司推荐给我正在找工作的朋友。

4.3.4 投资意向（TZ）量表

投资意向的问卷题项主要参考 Alniacik 等（2011）的量表。

TZ1：我非常希望投资该公司。

TZ2：我想购买该公司的股票。

TZ3：我觉得该公司会是一个很好的业务合作伙伴。

TZ4：我会向有投资计划的朋友推荐该企业股票。

4.3.5 企业社会责任价值认知（RZ）量表

企业社会责任价值认知没有现成的量表可以借鉴，由作者根据文献和访谈的内容设计了 10 个题项，其中，题项 4、题项 6、题项 7 和题项 10 为反向题，计分规则与其他题目相反。

RZ1：企业伦理和社会责任对企业的生存至关重要。

RZ2：企业的社会责任感是评价公司好坏的最重要的标准之一。

RZ3：企业履行社会责任对塑造企业良好公众形象具有直接关系。

RZ4：把资源用于企业社会责任行为是以牺牲产品改善为代价的。

RZ5：企业承担社会责任和赚取利润，二者可兼得。

RZ6：企业为社会创造就业、按章纳税就是履行社会责任，其他责任是政府的事情。

RZ7：社会责任仅是那些国有企业的事，因为它们利用国家垄断优势赚取巨额利润。

RZ8：企业履行社会责任对公司、组织运作产生积极的影响。

RZ9：企业社会责任绩效是公司的战略竞争优势之一。

RZ10：履行社会责任只会增加企业的负担和成本。

4.3.6 企业社会责任信息关注度（GZ）量表

企业社会责任信息关注度在现有文献中也没有成熟量表可以借鉴，作者参考相关文献设计了7个题项。

GZ1：我平时关注社会时事新闻。

GZ2：我会主动获取企业社会责任方面的信息。

GZ3：我会关注企业是否遵守法律、诚信经营方面的信息。

GZ4：我会关注企业是否为消费者提供安全、质量可靠的产品或服务方面的信息。

GZ5：我会关注企业在生产过程中是否采取了减少污染、保护环境的措施方面的信息。

GZ6：我会关注企业是否保障员工的职业健康与安全方面的信息。

GZ7：我会关注有关企业是否热心投入公益事业，积极帮助弱势群体方面的信息。

4.4 调查问卷的设计与发放

4.4.1 调查问卷的设计

虽然有关企业社会责任信息、企业声誉及利益相关者行为意向的实证研究并不多，但其中仍有少量相关实证研究中的问卷设计方法为本书提供了借鉴。本书在吸收这些相关研究经验的基础上，设计了问卷中的一些问题，对本研究的有关变量进行测量。

问卷分为四个部分。首先是对问卷调研目的的说明和致谢以及核心概念的定义。其次是有关企业社会责任价值认知、企业社会责任信息关注度和企业社会责任信息获取来源地的调查问题，提供了虚拟企业基本情况和虚拟企业社会责任信息的情景设计，通过量表题项来测量本书所要研究的相关变量。这两部分是问卷的主体。最后是有关受访者的背景资料。这些资料可用来分析样本情况是否能够代表总体情况，在实证研究中可检验不同受访者背景信息是否会影响书中提出模型变量之间的关系方向和强度。

作者设计了两份调查问卷，两份问卷仅情景设计部分提供的企业社会责任信息不同，一份问卷提供的是企业社会责任方面的好消息，另一份问卷则是坏消息。本研究所有变量的测量都采用李克特 5 级量表衡量，依据填表者个人主观感受来表示同意程度；由非常同意至非常不同意，分别给予 5 分至 1 分。

4.4.2 调查问卷的发放与回收

在正式地大规模发放问卷之前，作者就本研究初步调查问卷与几位企业社会责任会计领域的专家进行了深入探讨，请他们提出修改意见，根据他们对某些问项的叙述做了修正，以使题项表达的意思更为清晰。问卷形成后，在深度访谈过程中请 7 位受访者帮助进行了测试，修改了个别题项表意不清的问题。后续又请了 20 名在校本科生进行了预测试，以检验问卷的接受程度，并听取了填写者的建议，把虽然不存在歧义和表意不清问题，但用词不够通俗易懂的题项进行了修改，并最终形成了本次的调查问卷。

本研究的调查问卷主要通过问卷星网站发放和回收。问卷星作为一个专业的在线问卷调查、测评、投票平台，与传统调查方式相比，具有高效率、高质量的优势。不仅能够帮助研究者在短时间内收集到大量高质量的答卷，还提供了问卷数据采集和统计分析，大大减少了研究者录入和整理数据的工作。通过网络问卷的方式，直接开放给社会大众填写，问卷共回收 451 份，剔除信息有遗漏或矛盾的无效问卷后，实际得到有效问卷为 444 份，有效回收率为 98% 。其中，负面消息组问卷有 225 份，占 50.7%，正面消息组有 219 份问卷，占 49.3%。

5 实证结果与分析

本章首先对问卷调研收集到的数据进行描述性统计分析，其次，采用探索性因子分析方法和验证性因子分析方法检验潜变量量表的信度和效度，通过独立样本 t 检验对实验设计结果进行分析，采用路径分析方法检验企业社会责任信息与企业声誉和行为意向之间的直接效应，采用依次检验回归系数的方法验证了企业声誉在企业社会责任信息与行为意向之间的中介效应。最后，用层次分析法分别检验了企业社会责任认知、企业社会责任信息可信度和企业社会责任信息关注度变量在企业社会责任信息与企业声誉、利益相关者行为意向关系中的调节效应。

5.1 描述性统计分析

5.1.1 样本分布情况

本次调研回收有效电子问卷 444 份，其中，负面消息组有问卷 225 份，占 50.7%，正面消息组有 219 份问卷，占 49.3%。从性别、年龄和教育程度三个方面对受访者的个体特征进行统计，结果参见表 5-1、表 5-2 和表 5-3。本次问卷调查中共涉及 444 人，其中男性共 186 人，占 41.9%；女性共 258 人，占 58.1%，女性人数相对较多。受访者年龄集中在 20~40 岁，占到样本总量的 89.5%。大多数受访者有良好的教育背景，本科及本科以上受访者占样本总量的 90.3%。

表 5-1 样本的性别频率分布情况

	男	女	缺失值	合计
人数	186	258	0	444
百分比（%）	41.9	58.1	0	100

表 5-2 样本的年龄频率分布情况

	20 岁以下	20~29 岁	30~39 岁	40~49 岁	50~59 岁	缺失值	合计
人数	8	224	173	31	8	0	444
百分比（%）	1.8	50.5	39	7	1.8	0	100

表 5-3 样本的受教育程度频率分布情况

	高中/中专	大专	本科	硕士研究生	博士及以上	缺失值	合计
人数	9	34	335	57	9	0	444
百分比（%）	2	7.7	75.5	12.8	2.1	0	100

5.1.2 企业社会责任认知度分析

调查问卷中，针对企业社会责任认知度设计了 10 个题项，每个题项以不同的表述反应了公众对企业社会责任价值意义的看法。题项 1、题项 2、题项 3、题项 5、题项 8 和题项 9 是正向题，分数越高表示对企业社会责任价值越认可。题项 3“企业履行社会责任对于塑造企业良好公众形象具有直接关系”均值最高，为 4.38，这说明公众认为对企业而言，企业社会责任的履行对企业形象和声誉影响最大、最直接。这也与本研究假设及后续的实验研究结果相一致。题项 1“企业伦理和社会责任对企业的生存至关重要”均值为 4.25，题项 2“企业的社会责任感是评价公司好坏的最重要的标准之一”均值为 4.17，题项 5“企业承担社会责任和赚取利润，二者可兼得”均值为 4.15，题项 8“企业履行社会责任对公司、组织运作产生积极的影响”均值为 4.16，题项 9“企业社会责任绩效是公司的战略竞争优势之一”均值为 4.12。数据显示，所有正向题均值都在 4 以上，这表明受试者对企业社会责任价值都持肯定和认可的态度。

调查问卷中，题项 4、题项 6、题项 7、题项 10 为反向题，反向题计分与正向题相反。受试者在量表中的得分越低，表示对企业社会责任价值认可度越高。题项 10“履行社会责任只会增加企业的负担和成本”均值为 2.26，最低，这说明公众并不赞同履行社会责任对企业来说是负担和成本。题项 7“社会责任仅是那些国有企业的事，因为它们利用国家垄断优势赚取巨额利润”均值为 2.28，说明公众并不赞同企业社会责任仅是国有企业的责任。题项6“企业为社会创造就业、按章纳税就是履行社会责任，其他责任是政府的事情”均值为2.64，题项4“把资源用于企业社会责任的行为是以牺牲产品改善为代价的”均值为2.78。反向题均值都在3以下，说明公众并不赞同上述有关企业社会责任的错误认知。

将题项4、题项6、题项7、题项10四道反向题与正向题题项相反计分后，所有题项汇总后计算的均值超过4（相关数据见表5-4），说明公众对企业社会责任价值和意义的认知是非常好的。公众不断提升的企业社会责任意识，促使企业积极主动地承担更多企业原本就应肩负的社会责任。

表5-4 企业社会责任信息认知情况统计

	N	极小值	极大值	均值
RZ1	444	1	5	4.25
RZ2	444	1	5	4.17
RZ3	444	1	5	4.38
RZ4	444	1	5	2.78
RZ5	444	1	5	4.15
RZ6	444	1	5	2.64
RZ7	444	1	5	2.28
RZ8	444	1	5	4.16
RZ9	444	1	5	4.12
RZ10	444	1	5	2.26

5.1.3 企业社会责任信息关注度分析

调查问卷中，围绕企业社会责任信息关注度设计了7个题项。题项2“我会主动获取企业社会责任方面信息”均值为3.78，最低，这说明尽管公众对企业社会责任信息是有需求的，但通常并不会主动获取企业社会责任信息，而是被动关注这些信息。从关注的企业社会责任信息内容上看，公众最关注产品和服务安全方面的信息。题项4“我会关注企业是否为消费者提供安全、质量可靠的产品/服务方面的信息”均值为4.24，最高，其余信息关注度相差不大。题项 3 “我会关注企业是否遵守法律、诚信经营方面的信息” 均值为 4.02，题项 5 “我会关注企业在生产过程中是否采取了减少污染、保护环境的措施方面的信息” 均值为 3.96，题项 6 “我会关注企业是否保障员工的职业健康与安全的信息” 均值为 3.99，题项 7 “我会关注有关企业是否热心投入公益事业，积极帮助弱势群体的信息” 均值为 3.94。所有题项汇总后计算的均值为 4.02（相关数据见表 5-5），这说明公众对企业社会责任信息是关注的。

表 5-5　企业社会责任信息的关注度统计量

	N	极小值	极大值	均值
GZ1	444	1	5	4.19
GZ2	444	1	5	3.78
GZ3	444	1	5	4.02
GZ4	444	1	5	4.24
GZ5	444	1	5	3.96
GZ6	444	1	5	3.99
GZ7	444	1	5	3.94
GZ 总计	444	7	35	28.12
GZ 平均	444	1.00	5.00	4.0177
有效的 N	444			

5.1.4　企业社会责任信息获取来源及可信息度分析

从图 5-1 可以看出，公众获取企业社会责任信息的主要来源是媒体的报道，其他依次为企业官方网站和微博、企业公益宣传、广告等。而作为目前企业社会责任信息披露最主要方式的企业社会责任报告仅排在第 6 位，这一结果与我们在深度访谈中了解的情况一致。尽管越来越多的企业加入发布企业社会责任报告的队伍中，但普通公众还没有形成主动阅读报告获取信息的强烈需求和习惯。当然，这并不表明企业社会责任报告没有相应信息价值，而是网络信息时代人们获取信息的方式和习惯的改变使然。这也更提示企业应重视企业社会责任披露与传播的渠道。不同的渠道，受众范围、信息传播速度和广度不同，信息传播效果也截然不同。

实验研究中，我们提供了来自不同渠道的企业社会责任信息，受试者对信息可信度的打分均值为3.64，介于一般和较高之间。总体来说，受众对企业社会责任信息的可信度在可以接受的范围之内。

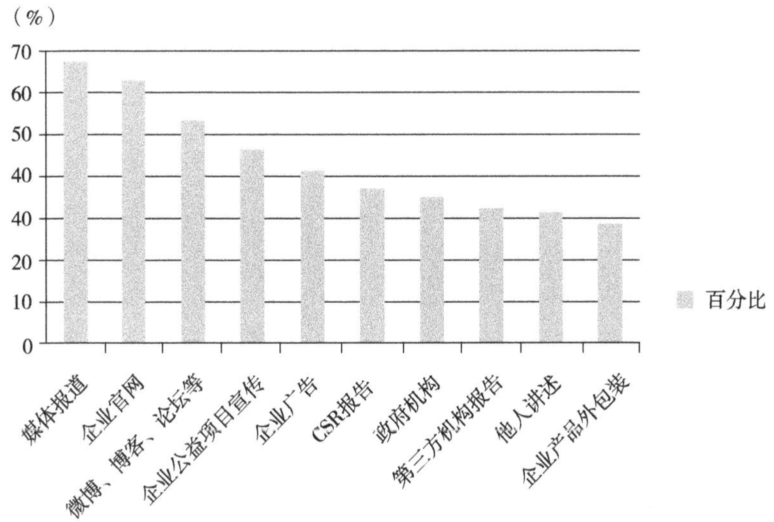

图 5-1 企业社会责任信息获取渠道

5.1.5 观测变量的描述性统计分析

调查问卷的各问项是研究的观测变量，表 5-6 从频数、均值、标准差、偏度、峰度等方面对各观测变量进行描述性统计分析。Bollen 和 Long (1993) 提出，当观测变量的偏度与峰度绝对值都小于 2 时，则可认定观测变量具有正态性。从表 5-6 中可以发现单变量偏态绝对值均小于 1，峰度绝对值均在 2 以内，由此可以认为单变量数据基本上是服从正态分布的。

表 5-6 观测变量的描述性统计分析

	N	均值	标准差	偏度		峰度	
	统计量	统计量	统计量	统计量	标准误	统计量	标准误
SY1	444	3.35	1.077	-0.479	0.116	-0.532	0.231
SY2	444	3.39	1.318	-0.416	0.116	-1.008	0.231
SY3	444	3.34	1.249	-0.388	0.116	-0.895	0.231

续表

	N	均值	标准差	偏度		峰度	
	统计量	统计量	统计量	统计量	标准误	统计量	标准误
SY4	444	3.47	1.197	−0.515	0.116	−0.670	0.231
GM1	444	3.39	1.166	−0.398	0.116	−0.787	0.231
GM2	444	3.15	1.226	−0.215	0.116	−0.969	0.231
GM3	444	3.35	1.161	−0.427	0.116	−0.657	0.231
GM4	444	3.61	1.111	−0.663	0.116	−0.282	0.231
QZ1	444	3.53	1.082	−0.591	0.116	−0.330	0.231
QZ2	444	3.59	1.124	−0.558	0.116	−0.456	0.231
QZ3	444	3.37	1.175	−0.377	0.116	−0.694	0.231
QZ4	444	3.45	1.138	−0.562	0.116	−0.455	0.231
TZ1	444	3.20	1.152	−0.376	0.116	−0.798	0.231
TZ2	444	3.22	1.223	−0.284	0.116	−0.917	0.231
TZ3	444	3.39	1.257	−0.427	0.116	−0.877	0.231
TZ4	444	3.23	1.175	−0.332	0.116	−0.790	0.231

5.1.6 按社会责任信息分组后的各观测变量的描述性统计分析

由表5-7可见，不同被访者在阅读了不同性质的社会责任信息后反应不同。阅读正面企业社会责任信息的被访者对企业声誉、购买意向、求职意向和投资意向各个测量问题打分均高于阅读负面企业社会责任信息组。正面消息组各测量问项的标准差为0.69~0.886，而负面消息组各测量问项的标准差为1.02~1.261，这说明受访者对正面信息反应差异要小于负面信息。

表 5-7 企业社会责任信息分组后各测量变量的均值与标准差比较

潜变量	测量问项	正面社会责任信息组（N=219）		负面社会责任信息组（N=225）	
		均值	标准差	均值	标准差
企业声誉	SY1：我认为该公司是一家很成功的企业	3.98	0.710	2.74	1.020
	SY2：我认为该公司是值得尊敬的企业	4.21	0.761	2.60	1.261
	SY3：我认为该公司是值得信任的企业	4.07	0.760	2.63	1.222
	SY4：我认为该公司会有很好的发展前景	4.15	0.721	2.82	1.206
购买意向	GM1：在价格相当的情况下，我会优先考虑购买该公司生产的产品	4.09	0.724	2.71	1.110
	GM2：在产品质量相当的情况下，我会考虑购买该公司生产的产品，即使价格略高于其他公司	3.77	0.886	2.54	1.210
	GM3：如果该企业推出新产品和服务，我非常愿意尝试	4.02	0.763	2.70	1.109
	GM4：如果我对该公司的产品感到满意时，我乐意向其他人推荐该企业产品	4.22	0.721	3.03	1.110
求职意向	QZ1：如果该公司给我一个应聘面试机会，我会非常乐意去	4.13	0.695	2.94	1.070
	QZ2：如果该公司给我一个职位，我会很高兴地接受	4.24	0.709	2.96	1.097
	QZ3：如果能在该公司工作，我想我会非常自豪	4.04	0.777	2.72	1.136
	QZ4：我会将这家公司推荐给我正在找工作的朋友	4.08	0.690	2.85	1.163
投资意向	TZ1：我非常希望投资该公司	3.85	0.746	2.57	1.124
	TZ2：我想购买该公司的股票	3.91	0.817	2.55	1.180
	TZ3：我觉得该公司会是一个很好的业务合作伙伴	4.13	0.764	2.68	1.227
	TZ4：我会向有投资计划的朋友推荐该企业股票	3.86	0.818	2.61	1.141

仔细观察企业声誉量表，可以发现两组均值差异最大的问项是“我认为该公司是值得尊敬的企业”。阅读了正面企业社会责任信息的受访者均值为4.21，而阅读了负面企业社会责任信息的受访者均值只有2.6，均值相差1.61。两组均值差异最小的问项是“我认为该公司是一家很成功的企业”。正面消息组均值为3.98，负面消息组均值为2.74，均值相差1.24。这表明企业社会责任信息对企业是否成功的评价弱于企业是否受人尊敬。

分析购买意向量表，可以发现两组均值差异最大的问项是“在价格相当的情况下，我会优先考虑购买该公司生产的产品”。阅读了正面企业社会责任信息的受访者均值为4.09，而阅读了负面企业社会责任信息的受访者均值只有2.71，均值相差1.38。两组均值差异最小的问项是“如果我对该公司的产品感到满意时，我乐意向其他人推荐该企业产品”。正面消息组均值4.22，负面消息组均值3.03，均值相差1.19。这表明企业社会责任信息对优先购买意愿的影响大于对推荐购买意愿的影响。

分析求职意向量表，可以发现两组均值差异最大的问项是“如果能在该公司工作，我想我会非常自豪”。阅读了正面企业社会责任信息的受访者均值为4.04，而阅读了负面企业社会责任信息的受访者对求职意向均值只有2.72，均值相差1.32。两组均值差异最小的问项是“如果该公司给我一个应聘面试机会，我会非常乐意去”。正面消息组均值4.13，负面消息组均值2.94，均值相差1.19。这表明企业社会责任信息对员工认可度的影响要大于应聘意愿的影响。

分析投资意向量表，可以发现两组均值差异最大的问项是“我觉得该公司会是一个很好的业务合作伙伴”。阅读了正面企业社会责任信息的受访者均值为4.13，而阅读了负面企业社会责任信息的受访者均值只有2.68，均值相差1.45。两组均值差异最小的问项是“我会向有投资计划的朋友推荐该企业股票”。正面消息组均值3.86，负面消息组均值2.61，均值相差1.25。这表明企业社会责任信息对投资合作意愿的影响要大于投资推荐意愿的影响。

前面我们对两组观察变量的均值进行了比较，发现按照企业社会责任信息性质分组后，变量所有题项的均值存在差异，这些差异在统计上是否具有显著性，将在后面进行独立样本的检验。

5.2 探索性因子分析

探索性因子分析主要是为了找出影响观测变量的因子个数，以及各个因子和各个观测变量之间的相关程度，以期揭示一套相对比较大的变量的内在结构。研究者的假定是每个指标变量都与某个因子匹配，而且只能通过因子载荷凭知觉推断数据的因子结构。探索性因子分析是在事先不知道影响因子的基础上，完全依据样本数据、利用统计软件以一定的原则进行因子分析，最后得出因子的过程。

探索性因子分析主要按以下步骤进行：①根据问卷数据构造相关矩阵，确定是否适合进行因子分析。②可根据实际情况事先假定因子个数，也可以按照特征根大于1的准则或碎石准则来确定因子个数。③根据需要选择合适的因子提取方法，如主成分方法、加权最小平方法、极大似然法等。④对因子进行旋转（常用的旋转方法有正交旋转、斜交旋转等），以便于对因子结构进行合理解释。⑤根据实际情况及负载大小对因子进行具体解释。

5.2.1 企业社会责任价值认知的探索性因子分析

5.2.1.1 企业社会责任价值认知因子抽取过程

题项间是否适合进行因子分析，依据 Kaiser（1974）的观点，可从取样适切性量数（KMO）值的大小来判断。KMO 指标值为 0~1，当 KMO 值小于 0.5 时，表示题项间不适合进行因子分析，若所有题项变量所呈现的 KMO 指标大于 0.8，表示题项变量间的关系是良好的。表 5-8 中 KMO 值等于 0.829，达到良好的指标，表明变量间具有共同因子存在，即“企业社会责任价值认知”量表适合进行因子分析；Bartlett 的球形度检验近似卡方 1370.058，自由度 45，显著性概率值 $p=0.000$，小于 0.05，达到显著性水平，可拒绝虚无假设，即拒绝变量间的净相关矩阵不是单元矩阵，接受净相关矩阵是单元矩阵的假设，代表总体的相关矩阵间有共同因子存在，适合进行因子分析。

表 5-8 企业社会责任价值认知因子的 KMO 和 Bartlett 检验

取样足够度的 Kaiser-Meyer-Olkin 度量		0.829
Bartlett 的球形度检验	近似卡方	1370.058
	df	45
	Sig.	0.000

表 5-9 为反映像矩阵，表的上半部分为反映像共变量矩阵，下半部分为反映像相关系数矩阵。若以第 n 个题项变量为依变量（效标变量），其余各题项变量为预测变量进行多元回归分析，此第 n 个效标变量能被预测变量预测的部分称为 Pn，不能被预测变量预测部分称为 En，Pn 即为该变量的映像，En 即为该变量的反映像。根据每个变量的反映像 En 即可求得各变量反映像共变量矩阵及反映像相关矩阵（吴明隆，2010）。下半部分反映像相关系数矩阵在性质上与净相关系数矩阵类似，只是两者正负号正好相反，反映像相关系数越小，表示变量间共同因子越多，变量越适合进行因子分析；反映像相关系数越大，表示变量间共同因素越少，变量越不适合进行因素分析。

反映像相关矩阵的对角线数值代表每一个变量的取样适当性量数（MSA），取样适当性量数的数值右边加注“a”的标示。MSA 值类似 KMO 值，越接近 1，表示整体数据越适合进行因子分析。研究者通常先用 KMO 值判断量表是否适合进行因素分析，再判别个别题项的 MSA 值，以初步决定哪些变量不适合因子分析程序。一般而言，如果个别题项的 MSA 值小于 0.5，表示该题项不适合进行因子分析，可以考虑将该题项删除。表 5-9 中，所有题项的 MSA 值都大于 0.5，最小值为 0.752。表明所有题项都适合做因子分析。

表 5-9 企业社会责任价值认知因子的反映像矩阵

		RZ1	RZ2	RZ3	RZ4	RZ5	RZ6	RZ7	RZ8	RZ9	RZ10
反映像协方差	RZ1	0.648	-0.163	-0.075	0.028	-0.061	-0.013	0.008	-0.136	-0.091	-0.008
	RZ2	-0.163	0.689	-0.145	-0.037	-0.018	0.011	0.003	-0.035	-0.113	-0.068
	RZ3	-0.075	-0.145	0.756	0.053	-0.038	-0.013	-0.026	-0.081	-0.067	0.022
	RZ4	0.028	-0.037	0.053	0.653	0.007	0.101	0.110	-0.036	-0.013	0.130

续表

		RZ1	RZ2	RZ3	RZ4	RZ5	RZ6	RZ7	RZ8	RZ9	RZ10
反映像协方差	RZ5	-0. 061	-0. 018	-0. 038	0. 007	0. 718	0. 037	-0. 024	-0. 145	-0. 149	-0. 010
	RZ6	-0. 013	0. 011	-0. 013	0. 101	0. 037	0. 508	-0. 228	0. 015	-0. 004	-0. 062
	RZ7	0. 008	0. 003	-0. 026	0. 110	-0. 024	-0. 228	0. 425	-0. 010	-0. 016	-0. 165
	RZ8	-0. 136	-0. 035	-0. 081	-0. 036	-0. 145	0. 015	-0. 010	0. 604	-0. 161	-0. 038
	RZ9	-0. 091	-0. 113	-0. 067	-0. 013	-0. 149	-0. 004	-0. 016	-0. 161	0. 599	0. 001
	RZ10	-0. 008	-0. 068	0. 022	0. 130	-0. 010	-0. 062	-0. 165	-0. 038	0. 001	0. 587
反映像相关	RZ1	0. 862[a]	-0. 243	-0. 107	0. 043	-0. 089	-0. 023	0. 015	-0. 218	-0. 146	-0. 014
	RZ2	-0. 243	0. 844[a]	-0. 201	-0. 055	-0. 026	0. 019	0. 005	-0. 054	-0. 176	-0. 107
	RZ3	-0. 107	-0. 201	0. 888[a]	0. 076	-0. 051	-0. 020	-0. 046	-0. 120	-0. 099	0. 033
	RZ4	0. 043	-0. 055	0. 076	0. 855[a]	0. 010	0. 176	0. 209	-0. 057	-0. 020	0. 210
	RZ5	-0. 089	-0. 026	-0. 051	0. 010	0. 859[a]	0. 061	-0. 043	-0. 221	-0. 228	-0. 015
	RZ6	-0. 023	0. 019	-0. 020	0. 176	0. 061	0. 772[a]	-0. 491	0. 028	-0. 007	-0. 114
	RZ7	0. 015	0. 005	-0. 046	0. 209	-0. 043	-0. 491	0. 752[a]	-0. 020	-0. 031	-0. 331
	RZ8	-0. 218	-0. 054	-0. 120	-0. 057	-0. 221	0. 028	-0. 020	0. 838[a]	-0. 268	-0. 063
	RZ9	-0. 146	-0. 176	-0. 099	-0. 020	-0. 228	-0. 007	-0. 031	-0. 268	0. 847[a]	0. 002
	RZ10	-0. 014	-0. 107	0. 033	0. 210	-0. 015	-0. 114	-0. 331	-0. 063	0. 002	0. 841[a]

注：a 表示取样足够度度量（MSA）

表 5-10 为采用主成分分析法抽取主成分的结果，转轴方法为直交转轴的最大变异法。因 SPSS 内设置是以特征值大于 1 以上的作为主成分保留的标准，表 5-10 中特征值大于 1 的共有 2 个。这两个共同因子共可解释 56. 47%的变异量。SPSS 抽取默认值为保留特征值大于或等于 1 的共同因素，此种方法虽然很容易得出共同因素，但在实际应用上有其局限性。碎石图检验可以帮助研究者决定因素的数目。碎石图是将每一主成分的特征值由高到低排序所绘制而成的一条坡线。碎石图检验的判断准则是取坡线突然剧升的因子，删除坡线平坦的因子。从图 5-2 中可以看出，从第 4 个因素以后，坡度线非常平坦，因此，保留 3 个因素较为适宜。

表 5-10 企业社会责任价值认知因子解释的总方差

成分	提取平方和载入			旋转平方和载入		
	合计	方差的 %	累积 %	合计	方差的 %	累积 %
1	3.409	34.086	34.086	1.051	10.505	10.505
2	2.238	22.384	56.469	1.038	10.381	20.886
3	0.801	8.009	64.478	1.028	10.282	31.167
4	0.667	6.673	71.151	1.021	10.211	41.379
5	0.573	5.730	76.881	1.017	10.166	51.545
6	0.562	5.618	82.500	1.010	10.096	61.641
7	0.513	5.129	87.629	0.997	9.969	71.610
8	0.503	5.029	92.658	0.984	9.844	81.453
9	0.435	4.351	97.009	0.978	9.778	91.231
10	0.299	2.991	100.000	0.877	8.769	100.000

注：提取方法为主成分分析法

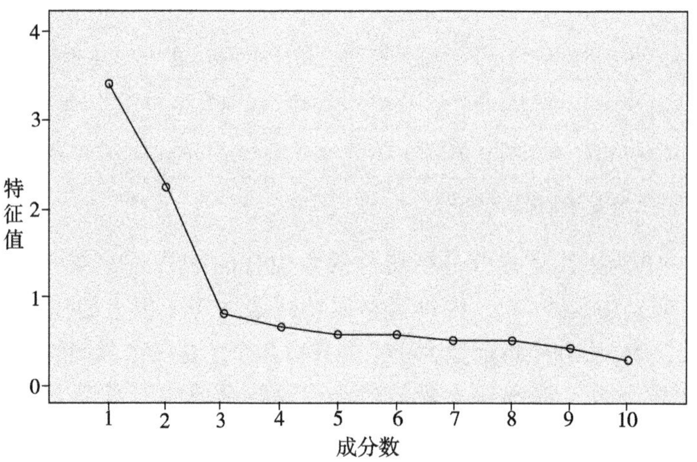

图 5-2 企业社会责任价值认知因子碎石图

表 5-11 为限定因子数为 3 个后的解释总方差表。采用主轴因子提取法共抽取 3 个共同因子，3 个因素转轴前的特征值分别为 3.409、2.238 和 0.801，转轴后的特征值分别为 2.634、2.004 和 1.809，3 个因子构念解释个别的变异量分别为 26.342、20.044 和 18.093，联合解释变异量为

64.478，已经达到60%的标准，表明保留的3个因素是适合的。

表5-12为10个变量在3个因子上未转轴的因子矩阵，因子矩阵中的数值为各题项变量在共同因子的因子负荷量，因子负荷量数值越大表示题项变量与共同因子间的关联越大。从成分矩阵中可以看出，大部分题项变量归属于成分1和成分2，少部分会归属于成分3。

表5-13为转轴后的因素矩阵，采用最大变异法进行直交转轴。从转轴后的成分矩阵中可以发现：共同因子一包含题项7、题项6、题项10和题项4，共同因子二包含题项5、题项8和题项9，共同因子三包含题项2、题项3和题项1。

企业社会责任价值认知的因子分析结果汇总见表5-14。

表5-11 企业社会责任价值认知3因子解释的总方差

成分	提取平方和载入			旋转平方和载入		
	合计	方差的 %	累积 %	合计	方差的 %	累积 %
1	3.409	34.086	34.086	2.634	26.342	26.342
2	2.238	22.384	56.469	2.004	20.044	46.385
3	0.801	8.009	64.478	1.809	18.093	64.478

注：提取方法为主成分分析法

表5-12 企业社会责任价值认知10个变量在3个因子上未转轴的成分矩阵[a]

	成分		
	1	2	3
RZ9	0.653	0.409	0.171
RZ1	0.639	0.354	-0.135
RZ8	0.637	0.420	0.233
RZ2	0.592	0.341	-0.430
RZ10	0.586	-0.519	0.052
RZ3	0.580	0.226	-0.476
RZ5	0.547	0.375	0.531
RZ6	0.507	-0.658	0.004

续表

	成分		
	1	2	3
RZ7	0. 603	-0. 630	0. 061
RZ4	-0. 467	0. 602	0. 005

注：① 提取方法为主成分分析法；

② a 表示已提取了 3 个成分

表 5-13 企业社会责任价值认知旋转成分矩阵[a]

	成分		
	1	2	3
RZ7	0. 866	0. 095	0. 072
RZ6	0. 829	-0. 012	0. 050
RZ10	0. 766	0. 131	0. 108
RZ4	-0. 760	0. 014	-0. 055
RZ5	0. 049	0. 847	0. 045
RZ8	0. 047	0. 723	0. 334
RZ9	0. 062	0. 686	0. 385
RZ2	0. 046	0. 221	0. 775
RZ3	0. 129	0. 129	0. 762
RZ1	0. 080	0. 449	0. 587

注：① 提取方法为主成分分析法；

② 旋转法是具有 Kaiser 标准化的正交旋转法；

③ a 表示旋转在 5 次迭代后收敛

表 5-14 企业社会责任价值认知量表因素分析结果

题项变量及题目	最大变异法直交转轴后的因素负荷量			共同性
	因子一	因子二	因子三	
RZ7：社会责任仅是那些国有企业的事，因为它们利用国家垄断优势赚取巨额利润	0. 866	0. 095	0. 072	0. 764

续表

题项变量及题目	最大变异法直交转轴后的因素负荷量			共同性
	因子一	因子二	因子三	
RZ6：企业为社会创造就业、按章纳税就是履行社会责任，其他责任是政府的事情	0.829	-0.012	0.050	0.689
RZ10：履行社会责任只会增加企业的负担和成本	0.766	0.131	0.108	0.616
RZ4：把资源用于企业社会责任行为是以牺牲产品改善为代价的	-0.760	0.014	-0.055	0.580
RZ5：企业承担社会责任和赚取利润，二者可兼得	0.049	0.847	0.045	0.722
RZ8：企业履行社会责任对公司、组织运作产生积极的影响	0.047	0.723	0.334	0.636
RZ9：企业社会责任绩效是公司的战略竞争优势之一	0.062	0.686	0.385	0.622
RZ2：企业的社会责任感是评价公司好坏的最重要的标准之一	0.046	0.221	0.775	0.651
RZ3：企业履行社会责任对于塑造企业良好公众形象具有直接关系	0.129	0.129	0.762	0.614
RZ1：企业伦理和社会责任对企业的生存至关重要	0.080	0.449	0.587	0.552
特征值	2.634	2.004	1.809	6.447
解释变异量（%）	26.342	20.044	18.093	64.478
累计解释变异量（%）	26.342	46.385	64.478	

5.2.1.2 量表的信度检验

因素分析完成后，要对量表各层面与总量表的信度进行检验。信度是指测验或量表工具所测得结果的稳定性及一致性，量表的信度越大，其测量标准误越小。在态度量表法中常用的检验信度的方法是 Cronbach 建立的 α 系数。α 系数值为 0~1。学者一般认为分量表 α 系数值在 0.5 以下，欠佳最好删除；α 系数值在为 0.5~0.599，可以但偏低；α 系数值为 0.6~0.699，尚可；α 系数值为 0.7~0.799，信度佳；α 系数值为 0.8~

0.899，信度甚佳；α系数值在0.9以上，信度非常理想。

从表5-15可知，企业社会责任价值认知因子一的α系数值仅为0.174，远低于0.6，此分量表的内部一致性很差，应从总量表中删除。如表5-16所示，4个题项变量间的关系矩阵中，有的相关系数值为正，有些为负值，这说明分量表的反向计算有问题。题项6、题向7、题项10和题项4为反向计分，有些受试者在打分时容易被前面正向题选项误导，导致数据可能与实际相反。因子一分量表题项最终从总量表中删除。因子二分量表的α系数值为0.727，表明此分量表的内部一致性佳，因子三分量表的α系数值为0.661，表明此分量表的内部一致性尚可接受。

表5-15 企业社会责任价值认知分量表的可靠性统计量

	Cronbach's Alpha	基于标准化项的 Cronbachs Alpha	项数
因子一	0.174	0.162	4
因子二	0.727	0.730	3
因子三	0.661	0.663	3

表5-16 企业社会责任价值认知项间相关性矩阵

	RZ7	RZ6	RZ10	RZ4
RZ7	1.000	0.677	0.595	-0.528
RZ6	0.677	1.000	0.492	-0.489
RZ10	0.595	0.492	1.000	-0.470
RZ4	-0.528	-0.489	-0.470	1.000

5.2.2 企业社会责任信息关注度的探索性因子分析

5.2.2.1 企业社会责任信息关注度因素抽取过程

表5-17中KMO值等于0.870，达到良好的指标，表明变量间具有共同因子存在，即“企业社会责任信息关注度”量表适合进行因子分析；Bartlett的球形度检验近似卡方为901.736，自由度为21，显著性概率值p=0.000，小于0.01，达到显著性水平，代表总体的相关矩阵间有共同因

子存在，适合进行因子分析。

表 5-17 企业社会责任信息关注度因子分析的 KMO 和 Bartlett 检验

取样足够度的 Kaiser-Meyer-Olkin 度量		0.870
Bartlett 的球形度检验	近似卡方	901.736
	df	21
	Sig.	0.000

表 5-18 中，反映像相关系数都很小，表示变量间共同因子越多，变量适合进行因子分析。所有题项 MSA 值都大于 0.5，最小值为 0.858。表明所有题项都适合做因子分析。

表 5-19 为采用主成分分析法抽取主成分的结果，转轴方法为直交转轴的最大变异法。表中特征值大于 1 的共有 1 个。这 1 个共同因子共可解释 49.144%的变异量。从图 5-3 中可以看出，从第二个因子以后，坡度线非常平坦，因此，保留两个因了较为适宜。

企业社会责任信息关注度的因子分析结果汇总见表 5-20。采用主轴因子提取法共抽取两个共同因子，转轴后的特征值分别为 2.409 和 1.868，两个因子构念解释个别的变异量分别为 34.415 和 26.692，联合解释变异量为 61.107，已经达到 60%的标准，表明保留的两个因素是适合的。从转轴后的成分矩阵中可以发现：共同因子一包含题项 6、题项 5、题项 7、题项 2 和题项 3，共同因子二包含题项 1 和题项 4。

表 5-18 企业社会责任信息关注度因子分析反映像矩阵

		GZ1	GZ2	GZ3	GZ4	GZ5	GZ6	GZ7
反映像协方差	GZ1	0.711	-0.150	-0.068	-0.178	-0.044	0.008	-0.036
	GZ2	-0.150	0.653	-0.113	0.028	-0.073	-0.061	-0.124
	GZ3	-0.068	-0.113	0.616	-0.134	-0.059	-0.085	-0.108
	GZ4	-0.178	0.028	-0.134	0.705	-0.053	-0.048	-0.079
	GZ5	-0.044	-0.073	-0.059	-0.053	0.575	-0.180	-0.160
	GZ6	0.008	-0.061	-0.085	-0.048	-0.180	0.687	-0.067
	GZ7	-0.036	-0.124	-0.108	-0.079	-0.160	-0.067	0.568

续表

		GZ1	GZ2	GZ3	GZ4	GZ5	GZ6	GZ7
反映像相关	GZ1	0.861[a]	-0.220	-0.103	-0.251	-0.070	0.011	-0.057
	GZ2	-0.220	0.872[a]	-0.178	0.042	-0.120	-0.090	-0.203
	GZ3	-0.103	-0.178	0.887[a]	-0.203	-0.099	-0.131	-0.183
	GZ4	-0.251	0.042	-0.203	0.861[a]	-0.083	-0.068	-0.125
	GZ5	-0.070	-0.120	-0.099	-0.083	0.858[a]	-0.287	-0.281
	GZ6	0.011	-0.090	-0.131	-0.068	-0.287	0.877[a]	-0.107
	GZ7	-0.057	-0.203	-0.183	-0.125	-0.281	-0.107	0.870[a]

注：a 表示取样足够度度量（MSA）

表 5-19 企业社会责任信息关注度因子分析解释的总方差

成分	提取平方和载入			旋转平方和载入		
	合计	方差的 %	累积 %	合计	方差的 %	累积 %
1	3.440	49.144	49.144	1.021	14.592	14.592
2	0.837	11.962	61.107	1.016	14.514	29.106
3	0.701	10.017	71.124	1.015	14.496	43.603
4	0.582	8.310	79.435	1.008	14.405	58.008
5	0.538	7.680	87.114	0.988	14.116	72.123
6	0.475	6.791	93.905	0.978	13.976	86.099
7	0.427	6.095	100.000	0.973	13.901	100.000

注：提取方法为主成分分析法

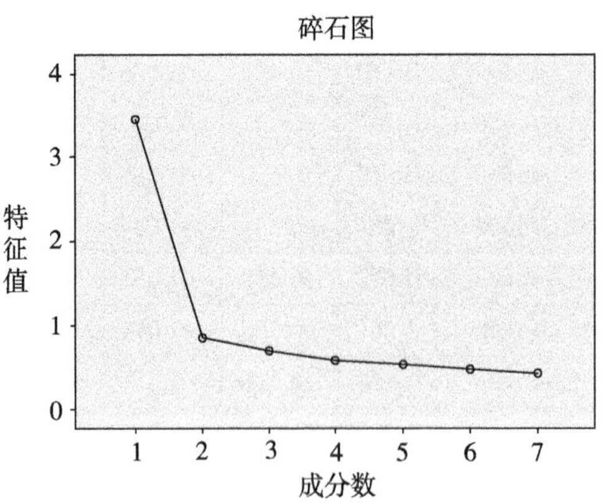

图 5-3 企业社会责任信息关注度因子分析碎石图

表 5-20 企业社会责任信息关注度量表因素分析结果

题项变量及题目	最大变异法直交转轴后的因素负荷量		共同性
	因子一	因子二	
GZ6：我会关注企业是否保障员工的职业健康与安全的信息	0.810	0.050	659
GZ5：我会关注企业在生产过程中是否采取了减少污染、保护环境的措施方面的信息	0.777	0.236	659
GZ7：我会关注有关企业是否热心投入公益事业，积极帮助弱势群体的信息	0.690	0.366	0.610
GZ2：我会主动获取企业社会责任方面信息	0.554	0.423	0.486
GZ3：我会关注企业是否遵守法律、诚信经营方面的信息	0.542	0.507	0.551
GZ1：我平时关注社会时事新闻	0.145	0.829	0.709
GZ4：我会关注企业是否为消费者提供安全、质量可靠的产品/服务方面的信息	0.225	0.743	0.603
特征值	2.409	1.868	4.277
解释变异量（%）	34.415	26.692	61.107
累计解释变异量（%）	34.415	61.107	

5.2.2.2 量表的信度检验

从表 5-21 可知，企业社会责任信息关注度因子一的 α 系数值为 0.805，此分量表的内部一致性甚佳，而因子二的 α 系数值为 0.587，偏低，此分量表的内部一致性一般，决定从总量表中删除。

表 5-21 企业社会责任信息关注度分量表的可靠性统计量

	Cronbach's Alpha	基于标准化项的 Cronbachs Alpha	项数
因子一	0.805	0.806	5
因子二	0.587	0.587	2

5.3 验证性因子分析

验证性因子分析是根据一定的理论对潜在变量与观测变量间的关系做出合理的假设并对假设进行统计检验的一种统计方法，其主要目的是探究事先定义的因子模型与实际资料的拟合能力，以检验观测变量的因子个数和因子负荷是否与预先建立的理论预期一致。而探索性因子分析则是在事先不知道影响因素的基础上，完全依据样本资料，利用统计软件进行分析，最后得出因子的过程。

在本研究中，企业声誉、购买意向、求职意向、投资意向变量都是无法直接观察到的潜变量。在现有文献中，很多学者对上述潜变量的概念及测量进行过研究，并发展出较为成熟的量表，因此，本节直接采用验证性因子分析（CFA）方法，对每个潜变量的测量模型进行检验。数据分析采用 AMOS21 软件处理。

5.3.1 验证性因子分析过程及统计指标选取

验证性因子分析是研究者依据理论或先前假设将观测变量构成测量模型，然后评价此因子结构和样本数据间的符合程度。具体分析按以下步骤进行。

5.3.1.1 检验违犯估计

所谓违犯估计（Offending Estimate）是指在测量模型中，所输出的估计参数超出可接受的范围，即模型有不当的解。若发生违犯估计的情形，表示整个模型的估计是不正确的，因此，必须进行处理。经常发生的违犯估计包括：有负的误差变异数存在；标准化回归系数超过或太接近 1；有太大的标准误（黄芳铭，2002）。

5.3.1.2 检验收敛效度

收敛效度主要是测试以一个变量发展出的多个问项，最后是否收敛于一个因子中。收敛效度检验指标及标准（Hair, et al, 2009）：①因子负荷量。问项的因子负荷量必须超过 0.7，且 t 检验时显著。②构建信度（Construct Reliability, CR）。该指标检验各潜变量的整体一致性，建议值在 0.6 以上。③平均变异萃取量（Average Variance Extracted, AVE），其标准值必须大于 0.5。④运用变异比率 RZ，作为对个别变量信度指数的检验，值越高，其对潜变量变异程度的解释力就越强，该指标应在0.5以上。

5.3.1.3 检验模型拟合度

本研究选用的拟合指标如下：①拟合优度的卡方检验（X^2）。X^2是最常报告的拟合优度指标，与自由度一起使用可以说明模型正确性的概率。X^2/DF是直接检验样本协方差矩阵和估计方差矩阵之间的相似程度的统计量，其理论期望值为1。X^2/DF越接近1，表示模型拟合越好。在实际研究中，X^2/DF接近2，认为模型拟合较好，样本较大时，5左右也可接受。②拟合优度指数（GFI）和调整拟合优度指数（AGFI）。这两个指数值为0~1，越接近0表示拟合越差，越接近1表示拟合越好。目前，多数学者认为，GFI≥0.90，AGFI≥0.8，提示模型拟合较好。③比较拟合指数（CFI）。该指数在对假设模型和独立模型比较时取得，其值为0~1，越接近0表示拟合越差，越接近1表示拟合越好。一般认为，CFI≥0.9，则模型拟合较好。④修正拟合指数（IFI）。⑤近似误差均方根（RMSEA）。RMSEA是评价模型不拟合的指数，如果接近0表示拟合良好，相反，离0越远表示拟合越差。一般认为，如果RMSEA=0，表示模型完全拟合；RMSEA<0.05，表示模型接近拟合；0.05≤RMSEA≤0.08，表示模型拟合合理；0.08<RMSEA<0.10，表示模型拟合一般；RMSEA≥0.10，表示模型拟合较差。

5.3.2 企业声誉的验证性因子分析

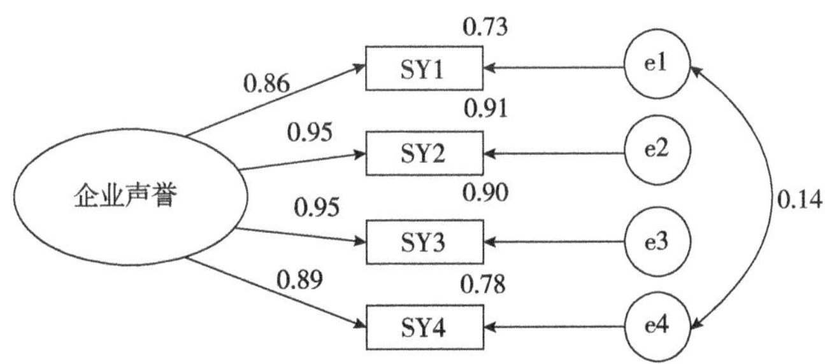

图5-4 企业声誉测量模型

首先，企业声誉测量模型（如图5-4所示）中所有测量指标的标准化回归系数介于0.857~0.953，并没有超过或太接近1的现象。各测量指标的标准误介于0.041~0.046，标准误非常小。测量误差的变异数都是正数。

由此可判断，企业声誉测量模型不存在违犯估计问题。

其次，测量问项的因子负荷量0.952，超过0.7的标准值，且t检验时显著。多元相关平方SMC介于0.734~0.908，均在0.5以上。构建信度CR为0.952，超过0.6标准值，平均变异萃取量AVE为0.831，大于0.5标准值。各测量问项对潜变量的标准化系数介于0.857~0.953，均在0.7以上，t值均在1.96之上，皆呈显著的。上述指标显示，企业声誉测量模型中各问项对潜变量的变异程度解释能力较强，各问项的整体信度及内部一致性较高，符合收敛效度的要求，测量模型内在品质较好。

最后，从模型的拟合效果来看，所有的拟合优度指标都符合要求。X^2/DF为1.209，远低于5；GFI、AGFI、CFI、NEI和IFI的值均高于0.9，RMSEA的值为0.022，小于0.05，表明企业声誉测量模型的拟合情况颇佳，该测量模型具有良好的外在品质。

表5-22 企业声誉测量模型的系数估计及模型拟合结果（n=444）

	模型参数估计值				收敛效度				
测量指标	非标准化因素负荷	标准误SE	CR(t-value)	P	标准化因素负荷	SMC	Cronbach's Alpha	CR	AVE
SY1	1.000				0.857	0.734	0.952	0.952	0.831
SY2	1.362	0.046	29.645	***	0.953	0.908			
SY3	1.283	0.044	29.315	***	0.947	0.897			
SY4	1.149	0.041	27.734	***	0.886	0.785			
模型拟合指标									
X^2	DF	X^2/DF	GFI	AGFI	RMSEA	CFI	NFI	IFI	
1.209	1	1.209	0.999	0.986	0.022	1.000	0.999	1.000	

5.3.3 购买意向的验证性因子分析

首先，购买意向测量模型中所有测量指标的标准化回归系数介于0.851~0.918，并没有超过或太接近1的现象。各测量指标的标准误介于0.033~0.036，标准误非常小。测量误差的变异数都是正数。由此可判断，购买意向测量模型不存在违犯估计问题。

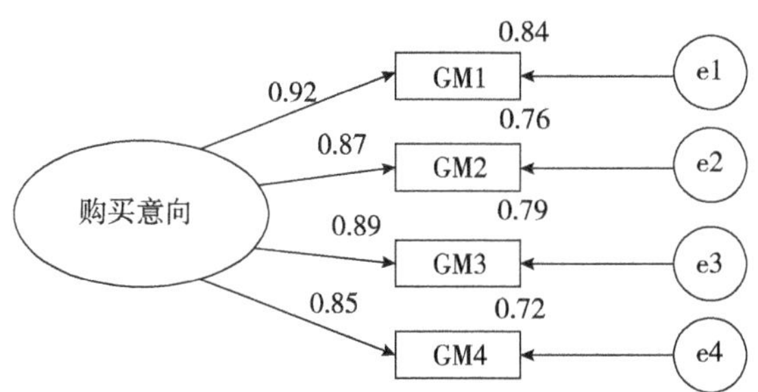

图 5-5 购买意向测量模型

其次，测量问项的因子负荷量 0.933，超过 0.7 的标准值，且 t 检验时显著。多元相关平方 SMC 介于 0.724～0.843，均在 0.5 以上。构建信度 CR 为 0.934，超过 0.6 标准值，平均变异萃取量 AVE 为 0.779，大于 0.5 标准值。各测量问项对潜变量的标准化系数介于 0.851～0.918，均在 0.7 以上，t 值均在 1.96 之上（见表 5-23），皆呈显著。上述指标显示，购买意向模型中各问项对潜变量的变异程度解释能力较强，各问项的整体信度及内部一致性较高，符合收敛效度的要求，测量模型内在品质较好。

表 5-23 购买意向测量模型的系数估计及模型拟合结果（n=444）

	模型参数估计值				收敛效度				
测量指标	非标准化因素负荷	标准误 S E	C R (t-value)	P	标准化因素负荷	SMC	Cronbach's Alpha	C R	AVE
GM1	1.000				0.918	0.843	0.933	0.934	0.779
GM2	0.999	0.036	27.624	***	0.872	0.760			
GM3	0.964	0.033	28.838	***	0.888	0.789			
GM4	0.884	0.034	26.130	***	0.851	0.724			
模型拟合指标									
X^2	DF	X^2/DF	GFI	AGFI	RMSEA	CFI	NFI	IFI	
1.616	2	0.808	0.998	0.991	0.000	1.000	0.999	1.000	

最后，从模型的拟合效果来看，所有的拟合优度指标都符合要求。

X^2/DF 为 0.808，远低于 5；GFI、AGFI、CFI、NEI 和 IFI 的值均高于 0.9，RMSEA 的值小于 0.05，表明购买意向模型的拟合情况颇佳，该测量模型具有良好的外在品质。

5.3.4 求职意向的验证性因子分析

首先，求职意向测量模型中所有测量指标的标准化回归系数介于 0.872~0.936，并没有超过或太接近 1 的现象。各测量指标的标准误介于 0.029~0.035，标准误非常小。测量误差的变异数都是正数。由此可判断，企业社会责任感知测量模型不存在违犯估计问题。

其次，测量问项的因子负荷量 0.954，超过 0.7 的标准值，且 t 检验时显著。多元相关平方 SMC 介于 0.773~0.869，均在 0.5 以上。构建信度 CR 为 0.948，超过 0.6 标准值，平均变异萃取量 AVE 为 0.820，大于 0.5 标准值。各测量问项对潜变量的标准化系数介于 0.872~0.936，均在 0.7 以上，t 值均在 1.96 之上，皆呈显著的。上述指标显示，求职意向模型中各问项对潜变量的变异程度解释能力较强，各问项的整体信度及内部一致性较高，符合收敛效度的要求，测量模型内在品质较好。

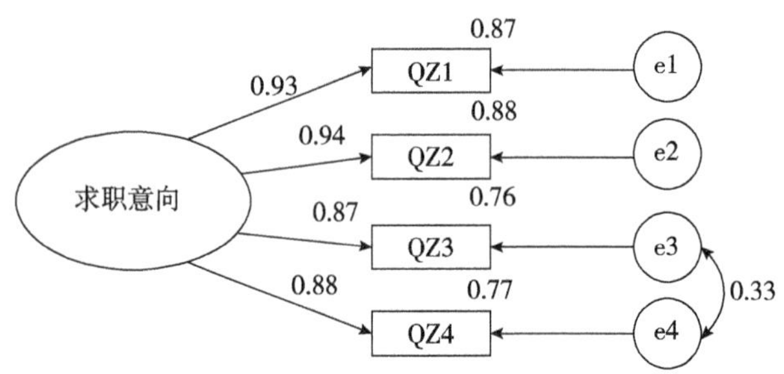

图 5-6 求职意向测量模型

最后，从模型的拟合效果来看，所有的拟合优度指标都符合要求。X^2/DF 为 2.462，远低于 5；GFI、AGFI、CFI、NEI 和 IFI 的值均高于 0.9，RMSEA 的值大于 0.05（见表 5-24），表明求职意向测量模型的拟合情况颇佳，该测量模型具有良好的外在品质。

表 5-24 求职意向测量模型的系数估计及模型拟合结果（n=444）

	模型参数估计值				收敛效度				
测量指标	非标准化因素负荷	标准误 S E	C R (t-value)	P	标准化因素负荷	SMC	Cronbach's Alpha	C R	AVE
QZ1	1.000				0.932	0.869	0.954	0.948	0.820
QZ2	1.042	0.029	35.485	***	0.936	0.876			
QZ3	1.016	0.035	29.068	***	0.872	0.760			
QZ4	0.992	0.033	29.739	***	0.879	0.773			
模型拟合指标									
X^2	DF	X^2/DF	GFI	AGFI	RMSEA	CFI	NFI	IFI	
2.462	1	2.462	0.997	0.972	0.057	0.999	0.999	0.999	

5.3.5 投资意向的验证性因子分析

首先，投资意向测量模型中所有测量指标的标准化回归系数介于0.891~0.937，并没有超过或太接近 1 的现象。各测量指标的标准误介于0.03~0.033，标准误非常小（如图 5-7 所示）。测量误差的变异数都是正数。由此可判断，投资意向测量模型不存在违犯估计问题。

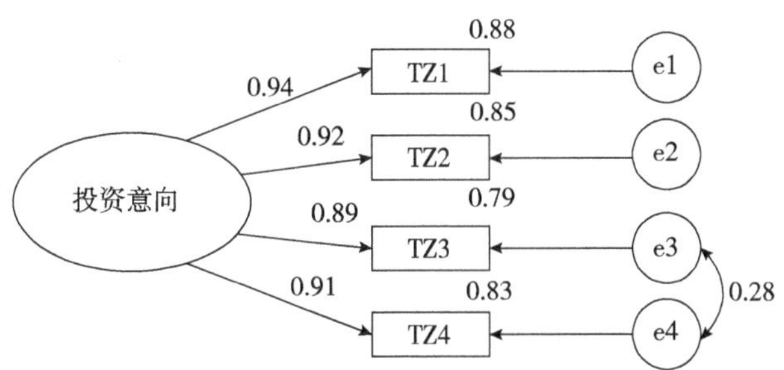

图 5-7 投资意向测量模型

其次，测量问项的因子负荷量为 0.956，超过 0.7 的标准值，且 t 检验时显著。多元相关平方 SMC 介于 0.794~0.878，均在 0.5 以上。构建信度 CR 为 0.954，超过 0.6 的标准值，平均变异萃取量 AVE 为 0.838，大于 0.5 的标准值。各测量问项对潜变量的标准化系数介于 0.891~0.937，均在 0.7 以上，t 值均在 1.96 之上（见表 5-25），皆呈显著。上述指标显示，投资意向模型中各问项对潜变量的变异程度解释能力较强，各问项的整体信度及内部一致性较高，符合收敛效度的要求，测量模型内在品质较好。

表 5-25 投资意向测量模型的系数估计及模型拟合结果（n=444）

	模型参数估计值				收敛效度				
测量指标	非标准化因素负荷	标准误 S E	C R (t-value)	P	标准化因素负荷	SMC	Cronbach's Alpha	C R	AVE
TZ1	1.000				0.937	0.878	0.956	0.954	0.838
TZ2	1.046	0.030	35.129	***	0.923	0.852			
TZ3	1.037	0.033	31.105	***	0.891	0.794			
TZ4	0.989	0.030	33.095	***	0.909	0.826			
模型拟合指标									
X^2	DF	X^2/DF	GFI	AGFI	RMSEA	CFI	NFI	IFI	
3.398	1	3.398	0.996	0.962	0.074	0.999	0.998	0.999	

最后，从模型的拟合效果来看，所有的拟合优度指标都符合要求。X^2/DF 为 3.398，低于 5；GFI、AGFI、CFI、NEI 和 IFI 的值均高于 0.9，RMSEA 小于 0.05，表明投资意向测量模型的拟合情况颇佳，该测量模型具有良好的外在品质。

5.4 独立样本 t 检验

独立样本 t 检验适合于两个群体平均数的差异检验，其自变量为二分变量，因变量为连续变量。本研究假设不同性质的企业社会责任信息对企业声誉、购买意向、求职意向和投资意向的影响存在显著差异，且正面的企业社会责任信息比负面的企业社会责任信息更有可能提高企业声誉、购买意向、求职意向和投资意向。在类似实验研究中，研究者设计了两份情景资料，一份是正面企业社会责任信息，另一份是负面企业社会责任信息，受访者任意选择其中的一份来填答。为了控制其他关键要素对因变量的影响，情景设计中控制了企业规模和企业利润因素。在此研究中，自变量企业社会责任信息为二分类别变量，分为正面信息和负面信息，因变量企业声誉、购买意向、求职意向和投资意向均为连续变量，因而采用独立样本 t 检验方法。

根据表 5-26 中的数据可以发现，对不同社会责任信息条件下企业声誉、购买意向、求职意向和投资意向的差异进行比较可以发现，企业社会责任信息在 4 个变量检验的 t 统计量均达到显著水平，显著性概率值 p 均小于 0.001，表示受访者在阅读了不同性质的社会责任信息后有关企业声誉、购买意向、求职意向和投资意向的知觉感受均有显著不同。正面消息组在购买意向、求职意向和投资意向的均值均显著高于负面消息组。这说明研究中的假设 1、假设 2、假设 3、假设 4 都获得数据支持。

表 5-26 独立样本 t 检验结果

检验变量	CSR 信息	N	均值	标准差	t 值	P 值	Eta 平方
企业声誉	正面	219	4.1016	0.62278	-16.725	0.000	0.384
	负面	225	2.6967	1.09046			
购买意向	正面	219	4.0251	0.62667	-15.953	0.000	0.363
	负面	225	2.7444	1.0230			
求职意向	正面	219	4.1210	0.60784	-15.590	0.000	0.352
	负面	225	2.8700	1.03404			
投资意向	正面	219	3.9406	0.65963	-15.594	0.000	0.352
	负面	225	2.6011	1.10146			

在独立样本 t 检验中，若分组变量在检验变量的平均数差异时达到显著差异，研究者可以进一步求出效果值，效果值（Size of Effect）代表的是实际显著性（Practical Significance），而 t 统计量及显著性 p 值代表的是统计显著性（Statistic Significance）。效果值表示因变量的总变异中有多少变异可以由分组变量来解释，效果值若小于或等于 0.06，则表示分组变量与检验变量间为一种低度关联强度；效果值若大于或者等于 0.14，则表示分组变量与检验变量间为一种高度关联强度；效果值介于 0.06~0.14，则表示分组变量与检验变量间为中度关联强度（吴明隆，2009）。

从表 5-26 的数据可以看出，各检验变量的 Eta 平方数值介于 0.352~0.384，均大于 0.14，表明企业社会责任信息与企业声誉、购买意向、求职意向和投资意向间存在高度关联强度。不同性质的企业社会责任信息可以解释企业声誉变量总方差中 38.4%的变异量，可以解释购买意向变量总方差中 36.3%的变异量，可以解释求职意向变量总方差中的 35.2%的变异量，可以解释投资意向变量总方差中的 35.2%的变异量。

5.5 路径分析

路径分析的主要目的是检验一个假想的因果模型的准确和可靠程度，测量变量间因果关系的强弱，进而回答下述问题：模型中两变量间是否存在相关关系；若存在相关关系，则进一步研究两者间是否有因果关系。

依据变量间标准化回归系数可以得知各外因变量的直接效果值。企业社会责任信息对企业声誉、购买意向、求职意向和投资意向 4 个外因变量的标准化直接效果值分别为 0.620、0.602、0.593、0.593，企业声誉对购买意向、求职意向和投资意向的直接效果值分别为 0.919、0.898 和 0.899。路径分析模型图中的七条路径系数的显著性检验均达到 0.001 的显著水平（如图 5-8 所示）。这说明数据支持研究的假设 1 至假设 7。

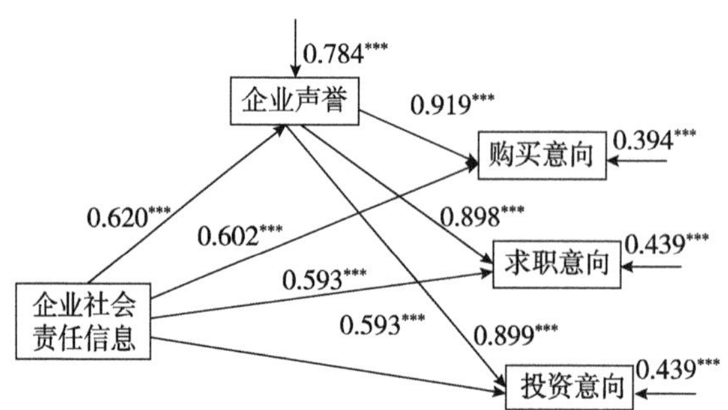

图 5-8 实证研究模型的路径显著性分析结果

注：*** 表示显著性概率值小于 0.001

§ 5.6 企业声誉的中介效应检验

中介变量是一种由自变量引起并通过其影响因变量的变量，即自变量

(X) 通过中介变量影响因变量 (Y)。引入中介变量的意义在于揭示自变量对因变量产生影响的原因和作用机制。

本研究采用依次检验回归系数 (Baron 和 Kenny, 1986) 方法检验企业声誉对企业社会责任信息与行为意向关系的中介效应。如图 5-9 所示，企业社会责任信息为自变量，行为意向为因变量，企业声誉为中介变量。具体检验步骤如下：

第一步检验 c，如果显著，进行第二步；如果不显著，说明企业社会责任信息与行为意向相关不显著，停止中介效应分析。

第二步依次检验 a 和 b，如果都显著，说明企业社会责任信息对行为意向的影响至少有一部分是通过中介变量企业声誉实现的。如果第一步检验不显著，转到第三步。

第三步检验 c′，如果不显著，说明是完全中介过程，即企业社会责任信息对行为意向的影响都是通过中介变量企业声誉实现的。如果 c′显著，说明只是部分中介效果，即企业社会责任信息对行为意向的影响只有一部分是通过中介变量企业声誉实现的，检验结束。

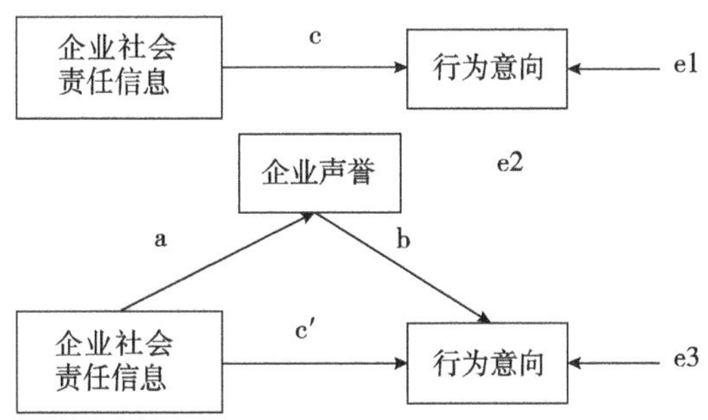

图 5-9 中介变量示意图

5.6.1 企业声誉在社会责任信息与购买意向之间的中介效应检验

如表 5-27 所示，模型 1 中，企业社会责任信息与购买意向关系的回归系数为 0.602，且在 P<0.001 的水平下显著，说明企业社会责任信息会影响购买意向。模型 2 中，企业社会责任信息与企业声誉关系的回归系数为 0.620，且在 P<0.001 的水平下显著，说明企业社会责任信息对企业声誉的影响确实存在。模型 3 中，企业声誉对购买意向关系的回归系数为 0.919，且在 P<0.001 的水平下显著，说明企业声誉显著影响购买意向。

模型 4 中，将企业声誉变量引入模型，再次对企业社会责任信息和购买意向自进行回归分析，结果发现企业社会责任信息对购买意向的回归系数从 0.602 下降到 0.053，P 值为 0.027，在 P<0.05 的水平上显著，数据说明企业声誉对企业社会责任信息和购买意向的关系具有部分中介效应，研究假设 8 获得部分支持。

表 5-27 企业声誉在社会责任信息与购买意向之间的中介效应检验

模型	假设路径	自变量	因变量	标准化系数	t 值	P 值	R^2
Model 1	CSR→购买意向	CSR	购买意向	0.602	15.855	0.000	0.363
Model 2	CSR→企业声誉	CSR	企业声誉	0.620	16.611	0.000	0.384
Model 3	企业声誉→购买意向	企业声誉	购买意向	0.919	48.852	0.000	0.844
Model 4	CSR、企业声誉→购买意向	CSR 企业声誉	购买意向	0.053 0.886	2.224 37.124	0.027 0.000	0.845

5.6.2 企业声誉在社会责任信息与求职意向之间的中介效应检验

如表 5-28 所示，模型 1 中，企业社会责任信息与求职意向关系的回归系数为 0.593，且在 P<0.001 的水平下显著，说明企业社会责任信息会影响消求职意向。模型 2 中，企业社会责任信息与企业声誉关系的回归系数为 0.620，且在 P<0.001 的水平下显著，说明企业社会责任信息对企业声誉的影响确实存在。模型 3 中，企业声誉对求职意向关系的回归系数为 0.898，且在 P<0.001 的水平下显著，说明企业声誉显著影响求职意向。模型 4 中，将企业声誉变量引入模型，再次对企业社会责任信息和求职意向进行回归分析，结果发现企业社会责任信息对求职意向的回归系数从 0.593 下降到 0.059，P 值为 0.027，在 P<0.05 水平上显著，说明企业声誉对企业社会责任信息和求职意向的关系具有部分中介效应，研究假设 9 获得支持。

表 5-28 企业声誉在社会责任信息与求职意向之间的中介效应检验

模型	假设路径	自变量	因变量	标准化系数	t 值	P 值	R^2
Model 1	CSR→求职意向	CSR	求职意向	0.593	15.487	0.000	0.352

续表

模型	假设路径	自变量	因变量	标准化系数	t 值	P 值	R^2
Model 2	CSR→企业声誉	CSR	企业声誉	0.620	16.611	0.000	0.384
Model 3	企业声誉→求职意向	企业声誉	求职意向	0.898	42.991	0.000	0.807
Model 4	CSR、企业声誉→求职意向	CSR 企业声誉	求职意向	0.059 0.862	2.217 32.507	0.027 0.000	0.809

5.6.3 企业声誉在社会责任信息与投资意向之间的中介效应检验

表 5-29 所示模型 1 中，企业社会责任信息与投资意向关系的回归系数为 0.593，且在 P<0.001 的水平下显著，说明企业社会责任信息会影响投资意向。模型 2 中，企业社会责任与企业声誉关系的回归系数为 0.620。且在P<0.001的水平下显著，说明企业社会责任信息对企业声誉的影响确实存在。模型 3 中，企业声誉对投资意向关系的回归系数为 0.899，且在 P<0.001 的水平下显著，说明企业声誉显著影响投资意向。模型 4 中，将企业声誉变量引入模型，再次对企业社会责任信息和投资意向进行回归分析，结果发现企业社会责任信息对投资意向的回归系数从 0.593 下降到 0.059，P 值为 0.027，在 P<0.05 的水平上显著，说明企业声誉对企业社会责任信息和投资意向的关系具有部分中介效应，研究假设 10 获得支持。

表 5-29 企业声誉在社会责任信息与投资意向之间的中介效应检验

模型	假设路径	自变量	因变量	标准化系数	t 值	P 值	R^2
Model 1	CSR→投资意向	CSR	投资意向	0.593	15.495	0.000	0.352
Model 2	CSR→企业声誉	CSR	企业声誉	0.620	16.611	0.000	0.384
Model 3	企业声誉→投资意向	企业声誉	投资意向	0.899	43.081	0.000	0.807
Model 4	CSR、企业声誉→投资意向	CSR 企业声誉	投资意向	0.059 0.862	2.217 32.507	0.027 0.000	0.81

5.7 调节效应检验

如果变量 Y 与变量 X 的关系是变量 M 的函数，则称 M 为调节变量。就是说，Y 与 X 的关系受到第三个变量 M 的影响。调节变量可以是定性的也可以是定量的，它影响因变量和自变量之间关系的方向（正或负）和强弱（温忠麟，2012）。调节效应是交互效应的一种，是有因果指向的交互效应，而单纯的交互效应可以互为因果关系；调节变量一般不受自变量和因变量影响，但是可以影响自变量和因变量。在统计回归分析中，检验变量的调节效应意味着检验调节变量和自变量的交互效应是否显著。以最简单的回归方程为例，调节效应检验回归方程包括 2 个：

$$y=a+bx+cm+e \quad (1)$$

$$y=a+bx+cm+c'mx+e \quad (2)$$

在上述方程中，m 为调节变量，mx 为调节效应，调节效应是否显著是分析 C′是否显著达到统计学意义上的临界比率 0.05 的水平。

根据 x 与 m 的变量类型不同，调节效应检验的方法也不同。本研究中提出企业社会责任价值认知、企业社会责任信息可信度和关注度可能在企业社会责任信息与企业声誉、购买意向、求职意向及投资意向关系中有调节作用。由于自变量企业社会责任信息为哑变量，三个调节变量为连续变量，因此，本研究采用层次回归法来检验调节变量的调节效应是否存在。

在层次回归分析中（Hierarchical Regression），检验 2 个回归方程的复相关系数 R_1^2 和 R_2^2 是否有显著区别，若 R_1^2 和 R_2^2 显著不同，则说明 mx 交互作用显著，即表明 m 的调节效应显著；这种类型调节效应分析需要将自变量和调节变量中心化（计算变量离均差），然后做层次回归分析。本研究首先对所有数据进行了中心化处理，其次按步骤进行了调节效应检验。

5.7.1 企业社会责任价值认知的调节效应

5.7.1.1 企业社会责任价值认知对企业社会责任信息与企业声誉关系的调节效应检验

根据层次回归方法，首先做企业声誉对企业社会责任信息和企业社会责任价值认知的回归，获得测定系数 R_1^2，值为 0.387，其次做企业声誉对企业社会责任信息、企业社会责任价值认知、企业社会责任信息 * 企业社会责任价值认知的回归，获得测定系数 R_2^2，值为 0.404，加入交互项的模型 2 的 R^2 提高了 0.017，显著性水平小于 0.001（$p=0.000$），变化显著。同时，第二步中交互项 CSR 信息与企业社会责任价值认知乘积的回归系数显著（$t=3.536$，$p=0.000$），表明企业社会责任价值认知对企业声誉和企业社会责任信息的调节效应显著，也就是说受试者企业社会责任价值认知度的变化改变了企业社会责任信息对企业声誉的影响，因此，研究假设 H11 通过了检验（见表 5-30 和表 5-31 ）。

表 5-30 企业社会责任价值认知对企业社会责任信息与企业声誉关系的调节效应的层次回归模型汇总

模型	R	R^2	调整 R^2	标准估计的误差	更改统计量				
					R^2 更改	F 更改	df1	df2	Sig. F 更改
1	0.622	0.387	0.384	3.56054	0.387	139.174	2	441	0.000
2	0.636	0.404	0.400	3.51500	0.017	12.500	1	440	0.000

表 5-31 企业社会责任价值认知对企业社会责任信息与企业声誉关系的调节效应的回归系数[a]

模型		非标准化系数		标准系数	t	Sig.
		B	标准误差			
1	（常量）	-0.266	0.247		-10.079	0.281
	CSR 信息	5.592	0.339	0.617	16.515	0.000
	CSR 认知	0.082	0.060	0.051	1.372	0.171
2	（常量）	-0.407	0.247		-1.649	0.100
	CSR 信息	4.302	0.495	0.475	8.694	0.000
	CSR 认知	0.117	0.060	0.073	1.953	0.051
	CSR 信息 * CSR 认知	0.425	0.120	0.193	3.536	0.000

注：a 表示因变量 企业声誉

5.7.1.2 企业社会责任价值认知对企业社会责任信息与购买意向关系的调节效应检验

根据层次回归方法，首先做购买意向对企业社会责任信息和企业社会责任价值认知的回归，获得测定系数 $R_1{}^2$，值为 0.368，其次做购买意向对企业社会责任信息、企业社会责任价值认知、企业社会责任信息 * 企业社会责任价值认知的回归，获得测定系数 $R_2{}^{2.}$，值为 0.379，加入交互项的模型 2 的 R^2提高了 0.011，显著性水平<0.01（p=0.006），变化显著，同时，第二步中交互项 CSR 信息与企业社会责任价值认知乘积的回归系数显著（t=2.788，p=0.006），表明企业社会责任价值认知对购买意向和企业社会责任信息的调节效应显著，也就是说受试者企业社会责任价值认知度的变化改变了企业社会责任信息对购买意向的影响。因此，研究假设 H12 通过了检验（见表 5-32 和表 5-33）。

表 5-32 企业社会责任价值认知对企业社会责任信息与购买意向关系的调节效应的回归系数[a]

模型		非标准化系数		标准系数	t	Sig.
		B	标准误差			
1	（常量）	-0.355	0.235		-1.512	0.131
	CSR 信息	5.084	0.323	0.598	15.760	0.000
	CSR 认知	0.114	0.057	0.076	2.005	0.046
2	（常量）	-0.461	0.236		-1.954	0.051
	CSR 信息	4.110	0.474	0.483	8.672	0.000
	CSR 认知	0.141	0.057	0.094	2.453	0.015
	CSR 信息 * CSR 认知	0.321	0.115	0.155	2.788	0.006

注：表示 a 为因变量 购买意向

表 5-33 企业社会责任价值认知对企业社会责任信息与购买意向关系的调节效应的层次回归模型汇总

模型	R	R^2	调整 R^2	标准估计的误差	更改统计量				
					R^2 更改	F 更改	df1	df2	Sig. F 更改
1	0.607	0.368	0.365	3.39214	0.368	128.561	2	441	0.000
2	0.616	0.379	0.375	3.36639	0.011	7.771	1	440	0.006

5.7.1.3 企业社会责任价值认知对企业社会责任信息与求职意向关系的调节效应检验

根据层次回归方法，首先做求职意向对企业社会责任信息和企业社会责任价值认知的回归，获得测定系数 R_1^2，值为 0.359，其次做求职意向对企业社会责任信息、企业社会责任价值认知、企业社会责任信息＊企业社会责任价值认知的回归，获得测定系数 R_2^2，值为 0.373，加入交互项的模型 2 的 R^2 提高了 0.014，显著性水平小于 0.01（$p=0.002$），变化显著，同时，第二步中交互项 CSR 信息与企业社会责任价值认知乘积的回归系数显著（$t=3.151$，$p=0.002$），表明企业社会责任价值认知对求职意向和企业社会责任信息的调节效应显著，也就是说受试者企业社会责任价值认知度的变化改变了企业社会责任信息对求职意向的影响，因此，研究假设 H13 通过了检验（见表 5-34 和表 5-35）。

表 5-34 企业社会责任价值认知对企业社会责任信息与求职意向关系的调节效应的回归系数[a]

模型		非标准化系数		标准系数	t	Sig.
		B	标准误差			
1	（常量）	-0.398	0.235		-1.698	0.090
	CSR 信息	4.961	0.322	0.588	15.395	0.000
	CSR 认知	0.127	0.057	0.085	2.226	0.026
2	（常量）	-0.518	0.235		-2.201	0.028
	CSR 信息	3.864	0.472	0.458	8.181	0.000
	CSR 认知	0.157	0.057	0.105	2.737	0.006
	CSR 信息＊CSR 认知	0.362	0.115	0.176	3.151	0.002

注：a 表示因变量 求职意向

表 5-35 企业社会责任价值认知对企业社会责任信息与求职意向关系的调节效应的的层次回归模型汇总

模型	R	R^2	调整 R^2	标准估计的误差	更改统计量				
					R^2 更改	F 更改	df1	df2	Sig. F 更改
1	0.599	0.359	0.356	3.38864	0.359	123.483	2	441	0.000
2	0.611	0.373	0.369	3.35485	0.014	9.926	1	440	0.002

5.7.1.4 企业社会责任价值认知对企业社会责任信息与投资意向关系的调节效应检验

根据层次回归方法，首先做投资意向对企业社会责任信息和企业社会责任价值认知的回归，获得测定系数 R_1^2，值为 0.355，其次做购买意向对企业社会责任信息、企业社会责任价值认知、企业社会责任信息 * 企业社会责任价值认知的回归，获得测定系数 R_2^2，值为 0.371，加入交互项的模型 2 的 R^2 提高了 0.016，显著性水平小于 0.01（p=0.001），变化显著，同时，第二步中交互项 CSR 信息与企业社会责任价值认知乘积的回归系数显著（t=3.288，p=0.001），表明企业社会责任价值认知对投资意向和企业社会责任信息关系的调节效应显著，也就是说企业社会责任价值认知的变化改变了企业社会责任信息对投资意向的影响。因此，研究假设 H14 通过了检验（见表 5-36 和 5-37）。

表 5-36 企业社会责任价值认知对企业社会责任信息与投资意向关系的调节效应的回归系数[a]

模型		非标准化系数		标准系数	t	Sig.
		B	标准误差			
1	（常量）	-0.286	0.252		-1.134	0.257
	CSR 信息	5.328	0.346	0.590	15.399	0.000
	CSR 认知	0.089	0.061	0.055	1.448	0.148
2	（常量）	-0.420	0.253		-1.663	0.097
	CSR 信息	4.100	0.507	0.454	8.093	0.000
	CSR 认知	0.122	0.061	0.076	1.987	0.048
	CSR 信息 * CSR 认知	0.405	0.123	0.185	3.288	0.001

注：a 表示因变量 投资意向

表 5-37 企业社会责任价值认知对企业社会责任信息与投资意向关系的调节效应的层次回归模型汇总

模型	R	R^2	调整 R^2	标准估计的误差	更改统计量				
					R^2 更改	F 更改	df1	df2	Sig. F 更改
1	0.596	0.355	0.352	3.63844	0.355	121.388	2	441	0.000
2	0.609	0.371	0.366	3.59863	0.015	10.813	1	440	0.001

5.7.2 信息可信度的调节效应检验

5.7.2.1 信息可信度对企业社会责任信息与企业声誉关系的调节效应检验

根据层次回归方法，首先做企业声誉对企业社会责任信息和信息可信度的回归，获得测定系数 $R_1{}^2$，值为 0.479，其次做企业声誉对企业社会责任信息、信息可信度、企业社会责任信息 * 信息可信度的回归，获得测定系数 $R_2{}^2$，值为 0.489，加入交互项的模型 2 的 R^2 提高了 0.01，变化显著（p=0.004），同时，第二步中交互项 CSR 信息与信息可信度乘积的回归系数显著（t=2.920，p=0.004），表明信息可信度对企业声誉和企业社会责任信息的调节效应显著，也就是说信息可信度的变化改变了企业社会责任信息对企业声誉的影响，因此，研究假设 H15 通过了检验（见表 5-38 和表 5-39）。

表 5-38 信息可信度对企业社会责任信息与企业声誉关系的调节效应的回归系数[a]

模型		非标准化系数		标准系数	t	Sig.
		B	标准误差			
1	（常量）	-0.015	0.156		-0.093	0.926
	CSR 信息	5.388	0.313	0.594	17.228	0.000
	可信度	1.671	0.187	0.308	8.936	0.000
2	（常量）	-0.053	0.155		-0.341	0.733
	CSR 信息	5.371	0.310	0.593	17.317	0.000
	可信度	1.793	0.190	0.331	9.435	0.000
	CSR 信息 * 可信度	1.115	0.382	0.102	2.920	0.004

注：a 表示因变量 企业声誉

表 5-39 信息可信度对企业社会责任信息与企业声誉关系的调节效应的层次回归模型汇总

模型	R	R^2	调整 R^2	标准估计的误差	更改统计量				
					R^2 更改	F 更改	df1	df2	Sig. F 更改
1	0.692	0.479	0.476	3.28321	0.479	202.501	2	441	0.000
2	0.699	0.489	0.485	3.25554	0.010	8.529	1	440	0.004

5.7.2.2 信息可信度对企业社会责任信息与购买意向关系的调节效应检验

根据层次回归方法，首先做购买意向对企业社会责任信息和信息可信度的回归，获得测定系数 R_1^2，值为 0.426，其次做购买意向对企业社会责任信息、信息可信度、企业社会责任信息 * 信息可信度的回归，获得测定系数 R_2^2，值为 0.435，加入交互项的模型 2 的 R^2 提高了 0.009，变化显著（p=0.009）。同时，第二步中交互项 CSR 信息与信息可信度乘积的回归系数显著（t=2.620，p=0.009），表明信息可信度对购买意向和企业社会责任信息的调节效应显著，也就是说信息可信度的变化改变了企业社会责任信息对购买意向的影响，因此，研究假设 H16 通过了检验（见表 5-40 和表 5-41）。

表 5-40 信息可信度对企业社会责任信息与购买意向关系的调节效应的回归系数[a]

模型		非标准化系数		标准系数	t	Sig.
		B	标准误差			
1	（常量）	-0.008	0.153		-0.053	0.958
	CSR 信息	4.944	0.308	0.581	16.052	0.000
	可信度	1.285	0.184	0.253	6.977	0.000
2	（常量）	-0.042	0.153		-0.275	0.783
	CSR 信息	4.930	0.306	0.579	16.107	0.000
	可信度	1.393	0.188	0.274	7.428	0.000
	CSR 信息 * 可信度	0.987	0.377	0.096	2.620	0.009

注：a 表示因变量 购买意向

表 5-41 信息可信度对企业社会责任信息与购买意向关系的调节效应的层次回归模型汇总

模型	R	R^2	调整 R^2	标准估计的误差	更改统计量				
					R^2 更改	F 更改	df1	df2	Sig. F 更改
1	0.653	0.426	0.423	3.23376	0.426	163.589	2	441	0.000
2	0.659	0.435	0.431	3.21248	0.009	6.862	1	440	0.009

5.7.2.3 信息可信度对企业社会责任信息与求职意向关系的调节效应检验

根据层次回归方法，首先做求职意向对企业社会责任信息和信息可信度的回归，获得测定系数 R_1^2，值为 0.408，其次做求职意向对企业社会责任信息、信息可信度、企业社会责任信息 * 信息可信度的回归，获得测定系数 R_2^2，值为 0.414，加入交互项的模型 2 的 R^2 提高了 0.006，显著性水平小于 0.05（p=0.027），变化显著。同时，第二步中交互项 CSR 信息与信息可信度乘积的回归系数显著（t=2.223，p=0.027），表明信息可信度对求职意向和企业社会责任信息的调节效应显著，也就是说信息的可信度的变化改变了企业社会责任信息对求职意向的影响，因此，研究假设 H17 通过了检验（见表表 5-42 和表 5-43）。

表 5-42 信息可信度对企业社会责任信息与求职意向关系的调节效应的回归系数[a]

模型		非标准化系数		标准系数	t	Sig.
		B	标准误差			
1	（常量）	-0.014	0.155		-0.093	0.926
	CSR 信息	4.838	0.310	0.573	15.593	0.000
	可信度	1.198	0.185	0.238	6.460	0.000
2	（常量）	-.043	0.154		-0.281	0.779
	CSR 信息	4.825	0.309	0.572	15.619	0.000
	可信度	1.291	0.189	0.256	6.819	0.000
	CSR 信息 * 可信度	0.845	0.380	0.083	2.223	0.027

注：a 表示因变量 求职意向

表 5-43 信息可信度对企业社会责任信息与求职意向关系的调节效应的层次回归模型汇总

模型	R	R^2	调整 R^2	标准估计的误差	更改统计量				
					R^2 更改	F 更改	df1	df2	Sig. F 更改
1	0.639	0.408	0.405	3.25701	0.408	151.848	2	441	0.000
2	0.644	0.414	0.410	3.24255	0.007	4.943	1	440	0.027

5.7.2.4 信息可信度对企业社会责任信息与投资意向关系的调节效应检验

根据层次回归方法，首先做投资意向对企业社会责任信息和信息可信度的回归，获得测定系数 R_1^2，值为 0.416，其次做购买意向对企业社会责任信息、信息可信度、企业社会责任信息 * 信息可信度的回归，获得测定系数 R_2^2，值为 0.431，加入交互项的模型 2 的 R^2 提高了 0.015，显著性水平小于 0.01（p=0.001），变化显著。同时，第二步中交互项 CSR 信息与信息可信度乘积的回归系数显著（t=3.357，p=0.001），表明信息可信度对投资意向和企业社会责任信息的调节效应显著。也就是说信息可信度的变化改变了企业社会责任信息对投资意向的影响，因此，研究假设 H18 通过了检验（见表 5-44 和表 5-45）。

表 5-44 信息可信度对企业社会责任信息与投资意向关系的调节效应的层次回归模型汇总

模型	R	R^2	调整 R^2	标准估计的误差	更改统计量				
					R^2 更改	F 更改	df1	df2	Sig. F 更改
1	0.645	0.416	0.413	3.46204	0.416	157.115	2	441	0.000
2	0.656	0.431	0.427	3.42243	0.015	11.267	1	440	0.001

表 5-45 信息可信度对企业社会责任信息与投资意向关系的调节效应的回归系数[a]

模型		非标准化系数		标准系数	t	Sig.
		B	标准误差			
1	（常量）	-0.016	0.164		-0.097	0.923
	CSR 信息	5.168	0.330	0.572	15.670	0.000
	可信度	1.371	0.197	0.254	6.957	0.000
2	（常量）	-0.062	0.163		-0.381	0.703
	CSR 信息	5.148	0.326	0.570	15.787	0.000
	可信度	1.519	0.200	0.281	7.605	0.000
	CSR 信息 * 可信度	1.347	0.401	0.124	3.357	0.001

注：a 表示因变量 投资意向

5.7.3 企业社会责任信息关注度的调节效应检验

5.7.3.1 企业社会责任信息关注度对企业社会责任信息与企业声誉关系的调节效应检验

根据层次回归方法，首先做企业声誉对企业社会责任信息和信息关注度的回归，获得测定系数 R_1^2，值为0.415，其次做企业声誉对企业社会责任信息、信息关注度、企业社会责任信息＊信息关注度的回归，获得测定系数 $R_2^{2.}$，值为0.417，加入交互项的模型2的 R^2 提高了0.002，显著性水平大于0.05（p=0.148），变化不显著。同时，第二步中交互项 CSR 信息与信息关注度乘积的回归系数不显著（t=1.449，p=0.148），表明信息关注度对企业声誉和企业社会责任信息关系不存在调节效应。也就是说受试者的企业社会责任信息关注度的变化不改变企业社会责任信息对企业声誉的影响，因此，研究假设 H19 未通过检验（见表 5-46 和表 5-47）。

表 5-46 企业社会责任信息关注度对企业社会责任信息与企业声誉关系的调节效应的回归系数[a]

模型		非标准化系数		标准系数	t	Sig.
		B	标准误差			
1	（常量）	-0.018	0.165		-0.111	0.912
	CSR 信息	5.508	0.331	0.608	16.635	0.000
	关注度	0.276	0.058	0.174	4.777	0.000
2	（常量）	-0.035	0.165		-0.213	0.831
	CSR 信息	5.506	0.331	0.607	16.651	0.000
	关注度	0.278	0.058	0.176	4.825	0.000
	CSR 信息＊关注度	0.167	0.115	0.053	1.449	0.148

注：a 表示因变量 企业声誉

表 5-47 企业社会责任信息关注度对企业社会责任信息与企业声誉关系的调节效应的层次回归模型汇总

模型	R	R^2	调整 R^2	标准估计的误差	更改统计量				
					R^2 更改	F 更改	df1	df2	Sig. F 更改
1	0.644	0.415	0.412	3.47925	0.415	156.178	2	441	0.000
2	0.646	0.417	0.413	3.47491	0.003	2.101	1	440	0.148

5.7.3.2 企业社会责任信息关注度对企业社会责任信息与购买意向关系的调节效应检验

根据层次回归方法，首先做购买意向对企业社会责任信息和信息关注度的回归，获得测定系数 R_1^2，值为 0.402，其次做购买意向对企业社会责任信息、信息关注度、企业社会责任信息＊信息关注度的回归，获得测定系数 $R_2^{2.}$，值为 0.409，加入交互项的模型 2 的 R^2 提高了 0.007，显著性水平小于 0.05（p=0.019），变化显著。同时，第二步中交互项 CSR 信息与信息可信度乘积的回归系数显著（t=2.349，p=0.019），表明信息关注度对购买意向和企业社会责任信息关系的调节效应显著。也就是说消费者信息关注度的变化改变了企业社会责任信息对购买意向的影响，因此，研究假设 H20 通过了检验（见表 5-48 和表 5-49）。

表 5-48 企业社会责任关注度对企业社会责任信息与购买意向关系的调节效应的回归系数[a]

模型		非标准化系数		标准系数	t	Sig.
		B	标准误差			
1	（常量）	-0.011	0.157		-0.068	0.946
	CSR 信息	5.003	0.314	0.588	15.928	0.000
	关注度	0.295	0.055	0.199	5.393	0.000
2	（常量）	-0.037	0.156		-0.235	0.815
	CSR 信息	5.000	0.312	0.588	16.001	0.000
	关注度	0.299	0.055	0.202	5.490	0.000
	CSR 信息＊关注度	0.256	0.109	0.086	2.349	0.019

注：a 表示因变量 购买意向

表 5-49 企业社会责任关注度对企业社会责任信息与购买意向关系的调节效应的层次模型汇总

模型	R	R^2	调整 R^2	标准估计的误差	更改统计量				
					R^2 更改	F 更改	df1	df2	Sig. F 更改
1	0.634	0.402	0.399	3.30048	0.402	148.218	2	441	0.000
2	0.640	0.409	0.405	3.28370	0.007	5.517	1	440	0.019

5.7.3.3 企业社会责任信息关注度对企业社会责任信息与求职意向关系的调节效应检验

根据层次回归方法，首先做求职意向对企业社会责任信息和信息关注度的回归，获得测定系数 $R_1{}^2$，值为 0.381，其次做购买意向对企业社会责任信息、信息关注度、企业社会责任信息＊信息关注度的回归，获得测定系数 $R_2{}^2$，值为 0.385，加入交互项的模型 2 的 R^2 提高了 0.007，显著性水平大于 0.05（p=0.110），变化不显著。同时，第二步中交互项 CSR 信息与信息关注度乘积的回归系数不显著（t=1.601，p=0.110），表明信息关注度对求职意向和企业社会责任信息关系的调节效应不显著，也就是说信息关注度的变化不会改变企业社会责任信息对求职意向的影响，因此，研究假设 H21 未通过检验（见表 5-50 和表 5-51）。

表 5-50 企业社会责任信息关注度对企业社会责任信息与求职意向关系的调节效应的回归系数[a]

模型		非标准化系数		标准系数	t	Sig.
		B	标准误差			
1	（常量）	-0.017	0.158		-0.106	0.915
	CSR 信息	4.902	0.317	0.581	15.468	0.000
	关注度	0.252	0.055	0.171	4.561	0.000
2	（常量）	-0.035	0.158		-0.220	0.826
	CSR 信息	4.900	0.316	0.581	15.490	0.000
	关注度	0.255	0.055	0.173	4.616	0.000
	CSR 信息＊关注度	0.177	0.110	0.060	1.601	0.110

注：a 表示因变量 求职意向

表 5-51 企业社会责任信息关注度对企业社会责任信息与求职意向关系的调节效应的层次回归模型汇总

模型	R	R^2	调整 R^2	标准估计的误差	更改统计量				
					R^2 更改	F 更改	df1	df2	Sig. F 更改
1	0.617	0.381	0.378	3.32998	0.381	135.707	2	441	0.000
2	0.620	0.385	0.380	3.32409	0.004	2.565	1	440	0.110

5.7.3.4 企业社会责任信息关注度对企业社会责任信息与投资意向关系的调节效应检验

根据层次回归方法，首先做投资意向对企业社会责任信息和信息关注度的回归，获得测定系数 R_1^2，值为 0.395，其次做购买意向对企业社会责任信息、信息关注度、企业社会责任信息 * 信息关注度的回归，获得测定系数 R_2^2，值为 0.396，加入交互项的模型 2 的 R^2 提高了 0.001，显著性水平大于 0.05（p=0.296），变化不显著。同时，第二步中交互项 CSR 信息与信息关注度乘积的回归系数不显著（t=1.046，p=0.296），表明信息关注度对投资意向和企业社会责任信息关系的调节效应不显著。也就是说信息关注度的变化没有改变企业社会责任信息对投资意向的影响，因此，研究假设 H22 未通过检验（见表 5-52 和表 5-53）。

表 5-52 企业社会责任信息关注度对企业社会责任信息与投资意向关系的调节效应的回归系数[a]

模型		非标准化系数		标准系数	t	Sig.
		B	标准误差			
1	（常量）	-0.020	0.167		-0.117	0.907
	CSR 信息	5.225	0.335	0.579	15.579	0.000
	关注度	0.327	0.058	0.207	5.583	0.000
2	（常量）	-0.032	0.168		-0.191	0.848
	CSR 信息	5.224	0.335	0.578	15.576	0.000
	关注度	0.328	0.059	0.209	5.613	0.000
	CSR 信息 * 关注度	0.123	0.117	0.039	1.046	0.296

注：a 表示因变量 投资意向

表 5-53 企业社会责任信息关注度对企业社会责任信息与投资意向关系的调节效应的层次回归模型汇总

模型	R	R^2	调整 R^2	标准估计的误差	更改统计量				
					R^2 更改	F 更改	df1	df2	Sig. F 更改
1	0.628	0.395	0.392	3.52466	0.395	143.817	2	441	0.000
2	0.629	0.396	0.392	3.52429	0.002	1.094	1	440	0.296

5.8 本章小结

本章首先对问卷调研收集到的数据进行描述性统计分析。其次，对企业社会责任价值认知和企业社会责任信息关注度量表进行了探索性因子分析，利用验证性因子分析方法检验企业声誉、购买意向、求职意向和投资意向量表的信度和效度，通过独立样本 t 检验对实验设计结果进行分组分析，采用路径分析方法检验企业社会责任信息与企业声誉和行为意向之间的直接效应。最后，采用依次检验回归系数的方法验证了企业声誉在企业社会责任信息与行为意向之间的中介效应，利用层次回归法检验了企业社会责任价值认知、企业社会责任信息可信度和信息关注度的调节效应。通过实证分析，本研究提出的研究假设 1 至假设 7 都得到了很好的数据支持，研究假设 8 至假设 10 得到部分支持。研究假设检验情况汇总情况见表 5-54。

表 5-54 研究假设检验结果汇总

序号	研究假设	检验结果
H1	企业社会责任信息与消费者购买意向正相关。正面积极的社会责任信息会增加消费者购买意向；负面的企业社会责任信息会降低消费者购买意向	支持
H2	企业社会责任信息与求职者求职意向正相关。正面积极的社会责任信息会增加求职者求职意向；负面的企业社会责任信息会降低求职者求职意向	支持
H3	企业社会责任信息与投资者投资意向正相关。正面积极的社会责任信息会增加投资者投资意向；负面的企业社会责任信息会降低投资者投资意向	支持
H4	企业社会责任信息与企业声誉正相关。与负面的企业社会责任信息相比，正面的企业社会责任信息更有可能提高企业声誉	支持

续表

序号	研究假设	检验结果
H5	企业声誉与消费者购买意向正相关	支持
H6	企业声誉与求职者求职意向正相关	支持
H7	企业声誉与投资者投资意向正相关	支持
H8	企业声誉对企业社会责任信息与消费者购买意向之间的关系起中介作用	支持部分中介效应
H9	企业声誉对企业社会责任信息与求职者求职意向之间的关系起中介作用	支持部分中介效应
H10	企业声誉对企业社会责任信息与投资者投资意向之间的关系起中介作用	支持部分中介效应
H11	企业社会责任价值认知对企业社会责任信息与企业声誉之间的关系起调节作用	支持
H12	企业社会责任价值认知对企业社会责任信息与购买意向之间的关系起调节作用	支持
H13	企业社会责任价值认知对企业社会责任信息与求职意向之间的关系起调节作用	支持
H14	企业社会责任价值认知对企业社会责任信息与投资意向之间的关系起调节作用	支持
H15	企业社会责任信息可信度对企业社会责任信息与企业声誉之间的关系起调节作用	支持
H16	企业社会责任信息可信度对企业社会责任信息与购买意向之间的关系起调节作用	支持
H17	企业社会责任信息可信度对企业社会责任信息与求职意向之间的关系起调节作用	支持
H18	企业社会责任信息可信度对企业社会责任信息与投资意向之间的关系起调节作用	支持

续表

序号	研究假设	检验结果
H19	企业社会责任信息关注度对企业社会责任信息与企业声誉之间的关系起调节作用	不支持
H20	企业社会责任信息关注度对企业社会责任信息与购买意向之间的关系起调节作用	支持
H21	企业社会责任信息关注度对企业社会责任信息与求职意向之间的关系起调节作用	不支持
H22	企业社会责任信息关注度对企业社会责任信息与投资意向之间的关系起调节作用	不支持

6 结论与建议

本研究旨在探讨企业在落实社会责任活动后，如何通过企业社会责任信息的披露与传播影响利益相关者对企业的感知与认同，进而影响企业声誉及利益相关者在购买、求职和投资时寻找目标企业的决策。本章首先阐述研究的主要结论，其次介绍研究结论的理论和实践意义，最后指出研究的局限性以及未来的研究方向。

6.1 研究结论

尽管已有不少研究有助于理解企业社会责任行为对利益相关者的影响，但关于企业社会责任活动如何影响企业声誉的评价，如何作用于消费者、求职者及投资者等企业主要利益相关者行为响应的研究还非常有限。利益相关者对企业社会责任活动响应的前提是对企业社会责任水平的感知，而感知程度和差异很大程度上取决于其获取的企业社会责任信息的差异。企业社会责任信息的披露如何影响利益相关者对企业社会责任水平的感知，进而改变他们对企业声誉的评价？企业社会责任信息是直接影响利益相关者行为意向，还是通过企业声誉评价的改变间接影响利益相关者的行为意向？在这个过程中还有哪些因素会起到中介或调节作用？上述疑问正是本研究的重点。

本研究关注于企业社会责任价值实现的过程和中间环节，着重探讨企业社会责任信息披露与传播的重要作用，构建了企业社会责任信息、企业声誉、利益相关者行为意向关系的理论框架，并对三者之间的关系进行验证分析。研究采用深度访谈、实验研究和问卷调查方法获取研究数据，运用 SPSS 统计软件进行数据分析，得到五条结论。

第一，企业社会责任信息对利益相关者行为意向具有直接影响。

实证研究发现被调查者在阅读了不同性质的社会责任信息后，购买意向、求职意向和投资意向方面的感受均有显著的不同。正面消息组被调查者的购买、求职和投资意愿的均值都显著高于负面消息组。独立样本 t 检验结果显示，企业社会责任信息与购买意向、求职意向和投资意向间存在高度关联强度。研究还发现企业社会责任信息对优先购买意愿的影响大于对推荐购买意愿的影响，对员工认可度的影响要大于应聘意愿的影响，对投资合作意愿的影响要大于投资推荐意愿的影响。

企业社会责任行为能否有效提升企业价值主要取决于利益相关者是否将企业社会责任绩效信息作为决策的参考依据，并采取有利于提升企业价值的行为。本研究结果支持企业社会责任信息对购买意向、求职意向和投资意向的影响，说明企业在积极承担社会责任之后，主动披露社会责任信息的重要性。企业通过社会责任信息的披露与传播，与主要利益相关者建立沟通和对话机制，建立良好的利益相关者关系，提升利益相关者对企业的信任和认可，最终促使利益相关者做出支持企业利润目标的决策。

第二，企业社会责任信息对企业声誉具有直接影响。

实证结果发现被调查者阅读了不同的社会责任信息后对企业声誉的评价有显著不同。正面消息组企业声誉的均值显著高于负面消息组。独立样本 t 检验结果显示出企业社会责任信息与企业声誉间存在高度关联关系。研究还发现企业社会责任信息对企业是否受人尊敬的影响大于对企业是否成功评价的影响。研究结果表明企业社会责任信息会影响和改变利益相关者对企业的感知和评价，进而影响其对企业声誉的评价。因此，企业在守法经营、赚取利润之余，若能积极投入社会责任活动，并有效控制企业社会责任信息的披露与传播，不仅能为维护企业形象提供必要的相关信息，也能够得到社会大众的认同与支持，并提升企业声誉。

第三，企业声誉对利益相关者行为意向具有直接影响。

实证结果支持企业声誉对利益相关者购买、求职及投资意向的直接影响，这与其他研究者的相关研究结论一致。声誉作为一种对外显示自身产品或服务的信号，对利益相关者具有显著的吸引力，特别是对高素质的利益相关者的吸引力更大。因为高素质的利益相关者在做购买、求职及投资决策时，对企业的选择有更大范围和自主权。作为消费者会认为声誉好的企业提供的产品和服务更符合自己的消费理念和经济实力，其购买意愿也会更强；企业声誉传达了企业的道德标准和文化等信息，良好的声誉能帮助企业吸引到更多的求职者，缩短招募时间并降低招募成本；良好的声誉向投资者传递了企业诚信经营的理念，投资者更愿意与声誉良好的企业合作 。

第四，企业声誉在企业社会责任信息与利益相关者行为意向关系中具有部分中介作用。

本书研究的目的之一是探究企业社会责任信息如何影响利益相关者行为意向，在这个影响过程中，是否存在其他中介变量。本研究的实证结果显示企业声誉作为中介变量，对企业社会责任信息与购买意向、求职意向和投资意向的关系具有部分中介效应。实证结果表明消费者、员工及投资者作为企业重要的利益相关者对企业责任信息是有需求的，并能积极响应。同时，企业社会责任信息虽然能够影响利益相关者的购买、求职和投资意向，但其影响程度和方向也受企业声誉的中介影响。对声誉不好的企业来说，利益相关者对其社会责任方面好信息的可信度会大打折扣，也更可能怀疑企业社会责任活动的动机，因此，好消息可能并不能增加利益相关者的购买、求职和投资意向，或影响微弱。相反，企业社会责任方面的坏消息则能明显降低利益相关者的购买、求职和投资意愿。而良好的声誉则会降低坏消息对企业的不良影响。有些情况下，在接收到企业社会责任信息后，利益相关者的行为响应是滞后的，但这些信息会较明显地影响他们对企业声誉的评价。企业声誉的建立、维护需要一个很长的过程，企业声誉对利益相关者行为意向的影响也是长期的。因此，企业应该更注重社会责任的落实，通过积极参与社会公益活动、重视环保、提供安全可靠的产品、重视员工教育与发展等企业社会责任的展现，提升企业声誉，以增加对利益相关者的吸引力。

第五，企业社会责任价值认知和企业社会责任信息可信度在企业社会责任信息、企业声誉及利益相关者行为意向关系中具有调节作用。

实证研究表明，受试者的企业社会责任价值认知度对企业社会责任信息与企业声誉的关系、企业社会责任信息与购买意向的关系、企业社会责任信息与求职意向的关系及企业社会责任信息与投资意向的关系均具有调节效应。企业社会责任价值认知度越高，企业社会责任信息对企业声誉、购买意向、求职意向和投资意向的影响越大。这说明，随着公众企业社会责任意识的不断提升，未来企业社会责任信息的披露效应会越来越明显。

同样地，实证结果也支持企业社会责任信息可信度在企业社会责任信息与企业声誉、企业社会责任信息与购买意向、求职意向和投资意向关系中均有调节作用。受试者对信息可信度的打分越高，企业社会责任信息对企业声誉、购买意向、求职意向和投资意向的影响越大。

企业社会责任信息关注度的调节作用仅在企业社会责任信息与购买意向的关系中得到了检验，在企业社会责任信息与企业声誉、企业社会责任信息与求职意向和投资意向关系中的调节效应未通过检验。

6.2 研究主要贡献

本书在总结吸收企业社会责任、利益相关者、企业声誉、理性行为等理论研究成果的基础上，对企业社会责任信息、企业声誉与利益相关者行为意向三者之间的关系进行了理论分析和实证研究，得出了一些重要研究结论。本书的研究工作和内容主要具有以下三个方面的学术意义：

第一，为企业社会责任价值研究提供了一个综合的分析框架。

企业积极履行社会责任，投入人力、物力和时间于企业社会责任活动后，如何对企业财务绩效产生影响？也就是说，社会责任对企业财务绩效的影响路径是怎样的？这是本研究试图探究和检验的关键问题。本研究提出一个系统的理论分析框架。在企业社会责任—财务绩效实现路径中，关注社会责任信息、企业声誉、利益相关者行为意向等中间变量的影响。在过去的研究中，大量的实证研究都在研究社会责任与财务绩效这两个变量的直接关系，而忽略了社会责任对企业价值的影响是一个长期而又复杂的过程，在这个过程中受到很多已知和未知因素的影响，作用的机理尚不明确。这也是早期研究中研究结论相互矛盾的根源。缺乏一个系统的框架将企业社会责任与企业价值清楚地联系起来，很可能会抑制企业社会责任的发展。本研究在总结和分析企业社会责任政策与实践的基础上，试图去探索企业社会责任报告对商业决策产生影响的潜在原因和路径。本书提出了一个企业社会责任价值分析的理论框架，分析了社会责任信息、企业声誉及利益相关者行为意向之间的关系。

本研究突出企业社会责任信息披露与传播的重要作用，并提出企业的社会责任活动必须通过社会责任信息的披露和传播去影响利益相关者对企业社会责任绩效的感知和评价，这种感知和评价可能直接影响利益相关者的行为意向，例如求职者的求职意向、消费者的购买意向及投资者的投资意向。同时，这种感知和评价也会影响企业社会声誉，其社会声誉进一步影响更多利益相关者的行为意向。而企业利益相关者的行为意向最终导致了影响企业价值的决策行为。在从企业社会责任行为、利益相关者决策行为到最终影响企业财务绩效的过程中，社会责任信息的披露和传播是一个不可或缺的重要环节。社会责任信息直接影响了企业声誉的评价以及利益相关者的响应程度和走向。

第二，丰富了有关社会责任信息披露的经济后果研究。

过去大量的社会责任信息披露研究注重探讨企业披露社会责任信息的前因，而对于企业披露社会责任信息的后果，即企业能从社会责任信息披露中获得哪些效应的论述尚不明确，没有形成系统的分析框架，更难以解答如何披露社会责任信息更有利于实现披露效应。本研究从企业声誉和利益相关者行为意向的角度，通过深度访谈、调查问卷、实验研究等多种研究手段，深入调查公众对企业社会责任信息的反应。此研究有利于推动社会责任信息披露理论的丰富与发展，并为学者们今后的研究开辟新的研究思路。

第三，检验了企业社会责任价值认知和企业社会信息可信度等变量的调节效应。

在现有企业社会责任信息披露效应研究中，大部分的研究者将个人特征（如年龄、性别、学历、收入等）作为调节变量进行研究。本研究引入了新的调节变量——企业社会责任价值认知、企业社会责信息可信度和信息关注度，并在深度访谈和文献研究的基础上，设计了企业社会责任价值认知和企业社会责任信息关注度的量表。

6.3 对策建议

国内外有关企业社会责任信息披露问题的研究，大部分仍是有关社会责任信息露与企业价值的关系研究，这类研究结果仍然混乱不清，这必然不利于指导企业社会责任信息披露实践。本研究是对企业社会责任价值实现路径的探索性研究，研究成果有助于企业管理者了解企业社会责任信息对企业声誉和企业主要利益相关者行为意向的影响机理，特别是对社会责任信息在企业社会责任行为的价值实现过程中的重要作用形成了一个新的认识，这一研究对企业的社会责任信息披露实践有一定的指导意义。通过实证研究，本书得出四个方面的对策建议。

第一，企业应重视企业社会责任信息的披露和传播工作。

企业社会责任是公众期待和要求企业履行的义务，公众通过各种途径获取有关企业的社会责任信息，对企业社会责任活动进行感知和评价，从而形成对企业价值的肯定和认同。尽管我国企业已经意识到披露社会责任信息的必要性，越来越多的企业也开始定期发布社会责任报告。但是，相对于披露数量的飞速增长，企业社会责任报告质量良莠不齐，总体水平还不高。不少企业迫于政府强制披露企业社会责任信息的要求，随意套用社会责任报告披露规范和要求，社会责任报告的编写仅是应付了事，报告中通篇是无关企业社会责任实际绩效的词藻堆砌，难寻有价值的信息。这种报告非但不利于实现企业社会责任信息的披露效应，甚至可能破坏企业声誉，影响利益相关者采取不利于企业的决策行为。

在访谈调查中，我们发现尽管目前有大量的上市公司自愿主动发布社会责任报告，但是大多数公众并没有意识主动去获取相关信息，而是被动地接收信息。因此，社会责任信息的传播方式对信息受众的广度有很大影响。企业要充分考虑不同媒介自身的特点，同时考虑不同利益相关者不同的信息需求，结合两个方面，选择最好的媒介来披露企业社会责任信息。公司可以通过官方文件传递企业社会责任活动的信息，如企业责任报告、新闻公报或者在公司官网上设专门版面，也可以通过电视广告、杂志或者广告牌，乃至产品包装来宣传公司的企业社会责任活动。企业社会责任信息沟通渠道的可控性和可信度呈反向关系，即可控性越低，可信度越高。研究发现，如果顾客从一些中立的资源渠道获知企业社会责任信息，他们的反应会更积极。因此，虽然获得媒体合作通常十分困难，公司还是要努力从独立公正的机构处获取正面报道。

信息的发布方式和渠道不同，信息传播范围、信息的时效性、互动性等方面都会有很大差异，对信息受众的影响效果自然也不同。企业社会责任信息的披露和传播也可以分为企业主动披露和传播与被动曝光和传播，效果截然不同。企业主动在社会责任报告中披露自己存在的问题并提出积极的改进措施，会给公众留下诚实守信的印象。而由外部媒体曝光企业社会责任方面的坏消息，对企业声誉的影响有时候可能让企业面临极大的危机。因此，企业社会责任信息披露与传播是把双刃剑。信息在传播的过程中，有可能给企业带来不利的影响，也可能对企业的稳定和发展起到积极作用。企业在信息传播过程中，需要努力控制信源，削弱噪声，引导信宿，使之有利于企业的稳定和发展。

第二，加强企业与利益相关者之间的沟通和对话，建立良好的利益相关者关系。

企业社会责任价值实现依赖于企业利益相关者采取支持企业的行为决策。企业通过各种信息传播方式公开信息，与利益相关者进行对话，让利益相关者知晓企业履行社会责任的情况。各个利益群体之间展开积极的双向信息沟通，可以消除社会责任履行中的信息不对称，提高企业社会责任活动的透明度，建立企业与利益相关者之间的信赖关系，促使利益相关者做出有利于企业整体利益的决策。社会责任信息披露与传播，已经成为企业维持竞争优势、整合所有利益相关者需求的关键因素。

为了与利益相关者开展有效的信息交流，企业对信息的披露须与其需求相一致，以保证各利益相关者和公司和谐相处，保证公司顺利运转。公司可以利用在线工具，如在线调查、论坛讨论等积极主动地与利益相关者进行对话，吸引潜在的利益相关方参与，识别和理解利益相关者所关注的企业问题和意见。公司还可以使用如互动的统计调查之类的功能去搜集利益相关者在关键企业社会责任问题上的观点。许多公司还收集用户在网站上发布的相关评论和问题并提供答案，例如在公司网站上设置一个专用的FAQ 页面。企业还可以用企业微博、新闻发布会等更个性化的、透明和互动的方式，与其利益相关者就企业社会责任问题进行沟通与交流。

利益相关者只有在获得决策有用信息时才能对是否继续提供资源做出决策。当企业对社会责任信息的供给不能满足使用者的需求时，公司在资本市场会有不良的表现，风险也会增加。调查显示，信息的披露满足关键利益相关者时，能够帮助企业在市场上建立良好的形象和声誉，也能够使企业有比较理想的业绩。

第三，企业应重视企业声誉的管理。

戴维斯·扬（2007）认为任何一个团体组织要取得恒久的成功，良好的声誉是至关重要的，声誉管理是一个价值不菲的产业。作为一种特殊的无形资产，良好的企业声誉可以提升企业价值，声誉一旦受损甚至可能危及企业的生存。声誉的建立需要一个很长的过程，但声誉的破损可能在一夕之间。在互联网时代，信息的传播速度和影响往往超出了人们的预想。企业社会责任缺失事件一旦被曝光，负面信息带来的负面影响会被网络新媒体升级放大，可能给企业造成的声誉损害也很难预料。正因为如此，企业的管理者应该改变观念，从过去的被动应对声誉危机转为主动管理企业声誉。

声誉管理是企业管理者对企业声誉进行创建和维护的管理，其主要目标是与企业利益相关者建立相互信任的关系，通过利益相关者的支持获取长远竞争优势。尽管大多数企业管理者都能意识到企业声誉对企业生产和发展的重要作用，但对如何主动管理企业声誉却依然缺乏理论指导和实践经验。

查尔斯·J. 福诺布龙（2004）提出提高知名度、塑造独特性、建立诚信度、保持透明度和保持一致性是企业开展声誉管理的五个重要原则。企业声誉应该建立在企业日常行为基础上，管理者必须有意识地通过各种方式去影响利益相关者对企业的看法。但随着相互竞争的同行企业在产品质量、服务和价格上的差距大大缩小，在企业的社会责任方面投资会对企业声誉的建立和维护产生很大作用。因此，积极履行企业社会责任，也是创建企业良好声誉的有效途径。本研究结果表明企业社会责任信息对企业声誉有显著的影响。未来，社会责任信息披露与传播应该被越来越多的企业纳入企业声誉管理工作，并在从观念转化为实践的过程中摸索出一些经验。

第四，企业应将社会责任融入企业战略。

哈佛商学院的战略大师迈克尔·波特（2007）认为，没有一个企业有足够的能力解决所有的社会问题，它们必须选取和自己业务有交叉的社会问题来解决，而选取的关键不是看某项事业是否崇高，而是看是否能创造出共享价值，既有益于社会，也有利于企业，这就是企业的战略型社会责任。

很多企业家将社会责任和企业战略相分离，认为社会责任是对社会目标做出贡献，而企业战略目标是对企业利润做出贡献。如何将社会责任与企业战略紧密结合，促使企业社会责任活动与企业关键业务活动协调一致，以谋求经济效益和社会效益的最大化是管理者需要深思的问题。战略性企业社会责任要求企业管理者把社会责任投资融入企业战略中，将企业社会责任投资看成获取市场机会与竞争优势的战略手段，而不是成本、障碍或者施舍。

目前很多上市公司未将企业社会责任纳入企业战略管理目标，没有将企业社会责任战略思想融入企业的日常经营管理活动，更没有设置专门的部门或人员管理企业社会责任活动。很多企业社会责任活动仅限于慈善捐助，未将企业社会责任活动与企业核心业务结合，造成了企业社会责任活动的不可持续性。企业应采取社会责任战略思维，关注与企业核心商业活动及能力相匹配的社会责任活动。例如一个汽车制造商应较多聚焦车辆安全和空气污染等方面的责任，而非低收入者的住房或教育等方面。

本研究论证了企业社会责任信息、企业声誉、利益相关者行为意向之间相互影响的关系，这有利于改变企业管理者对企业社会责任价值的错误认知，为企业将社会责任战略化，重视企业社会责任信息披露与传播工作，加强与利益相关者的沟通，提高企业声誉管理水平提供了有益的理论指导。对那些未采用一个更具战略性方法而被动卷入社会责任活动的企业而言，这一研究无疑有利于唤醒企业履行社会责任的主动意识。

6.4 研究局限性及未来研究建议

6.4.1 研究的局限性

本研究从比较新颖的研究视角分析了企业社会责任价值实现的路径，并采用科学的方法进行了验证，但应看到，研究中还存在一些局限性。

一是社会责任信息与利益相关者行为意向研究中有关态度的调查分析，只能反映出利益相关者的行为意图，但是很难观察到直接的行为结果，尽管学者们的研究表明行为意向对其最终行为具有预测能力，但意向—行为的一致性似乎缺乏稳定的实证基础。

二是社会责任信息变量仅从信息属性视角分析了对企业声誉和利益相关者行为意向的影响，未考虑其他信息特征（内容、强度、透明度等）会对企业社会责任信息效应产生的影响。

三是在研究中未考虑信息来源和传播媒介对社会责任信息效应的影响。信息来源和信息渠道都会影响受众对信息可信度的判断，同时也会影响信息传播的速度和范围，因此，信息对受众的影响也存在差异。

四是本次研究在建立并实证检验企业社会责任信息、企业声誉与利益相关者行为意向三者关系时，对于一些可能存在的控制和调节变量并没有讨论，如个体特征。不同年龄、性别、文化背景的人对企业社会责任的看法会存在差异，对企业社会责任信息的反应自然也不同。本研究未观察受访者个性特征可能对企业社会责任信息的反应差异，未来的研究中可以考虑这些调节变量的作用。

五是实验研究设计中，研究虚拟了一个家电制造企业的背景。通过虚拟企业的背景介绍试图控制企业的基本信息，如企业规模、利润等，但没有控制其他影响利益相关者意向的重要因素，如影响购买意向的产品价格、品牌等。

6.4.2 未来的研究建议

针对上述局限，将来可以从以下四方面进一步深化研究。

一是在后续研究中，可以进一步研究企业社会责任信息内容、强度、信息传播媒介对企业声誉及利益相关者行为意向的影响。

二是应考虑利益相关者的个体特征，如年龄、教育背景、工作背景、社会责任认知度等因素对企业社会责任信息反应差异的影响。

三是在未来的研究中应该考虑其他中间变量的影响。企业社会责任信息对企业声誉及利益相关者行为意向的影响过程十分复杂，这个过程会受到诸多因素的影响，特别是涉及利益相关者心理和态度的变化。本研究仅从企业社会责任信息和企业声誉角度分析了企业社会责任对利益相关者行为意向的影响，而并未对利益相关者内在心理决策、其人格特质、感知等方面的影响因素进行研究。未来研究应从社会学、心理学等多学科的角度出发，深入探讨驱使独立利益相关者回应 CSR 的潜在心理过程。

四是改进实验研究方法。实验研究方法设计可以从信息内容、信息性质、信息可靠性、信息传播渠道进行交叉实验。

附　录

调查问卷一

尊敬的女士/先生，您好！

万分感谢您在百忙之中接受我们的问卷调查，您所提供的信息对我们的研究很有价值。本调查的目的在于探讨企业社会责任信息对企业声誉及其利益相关者行为意向的影响。此份问卷为匿名填写，不涉及任何个人隐私。各题的答案没有对错之分，请您根据实际感受来回答。您的答案将是我们研究工作的基础，期待您认真填写，再次感谢您的配合！

祝您身体健康，工作愉快！

问卷涉及的相关名词定义如下：

企业社会责任（Corporate Social Responsibility，CSR）是指企业在创造利润、对股东利益负责的同时，还要承担对员工、对社会和环境的社会责任，包括提供社会需要的产品和服务，遵守商业道德、生产安全、职业健康、保护劳动者的合法权益、保护环境、节约资源、支持慈善事业等。

各题答案没有对错之分，请您根据自己的实际感受对下列问题中每个表述的认同程度进行判断。

第一部分

1. 企业社会责任认知

企业伦理和社会责任对企业的生存至关重要。

○ 非常不同意　○ 不同意　○ 不确定　○ 同意　○ 非常同意

企业的社会责任感是评价公司好坏的最重要的标准之一。

○ 非常不同意　○ 不同意　○ 不确定　○ 同意　○ 非常同意

企业履行社会责任对于塑造企业良好公众形象具有直接关系。

○ 非常不同意　○ 不同意　○ 不确定　○ 同意　○ 非常同意

把资源用于企业社会责任行为是以牺牲产品改善为代价的。

○ 非常不同意　○ 不同意　○ 不确定　○ 同意　○ 非常同意

企业承担社会责任和赚取利润，二者可兼得。

○ 非常不同意　○ 不同意　○ 不确定　○ 同意　○ 非常同意

企业为社会创造就业、按章纳税就是履行社会责任，其他责任是政府的事情。

○ 非常不同意　○ 不同意　○ 不确定　○ 同意　○ 非常同意

社会责任仅是那些国有企业的事，因为它们利用国家垄断优势赚取巨额利润。

○ 非常不同意　○ 不同意　○ 不确定　○ 同意　○ 非常同意

企业履行社会责任对公司、组织运作产生积极的影响。

○ 非常不同意　○ 不同意　○ 不确定　○ 同意　○ 非常同意

企业社会责任绩效是公司的战略竞争优势之一。

○ 非常不同意　○ 不同意　○ 不确定　○ 同意　○ 非常同意

履行社会责任只会增加企业的负担和成本。

○ 非常不同意　○ 不同意　○ 不确定　○ 同意　○ 非常同意

2. 社会责任信息关注度

我平时关注社会时事新闻。

○ 非常不同意　○ 不同意　○ 不确定　○ 同意　○ 非常同意

我会主动获取企业社会责任方面的信息。

○ 非常不同意　○ 不同意　○ 不确定　○ 同意　○ 非常同意

我会关注企业是否遵守法律、诚信经营方面的信息。

○ 非常不同意　○ 不同意　○ 不确定　○ 同意　○ 非常同意

我会关注企业是否为消费者提供安全、质量可靠的产品/服务方面的信息。

○ 非常不同意　○ 不同意　○ 不确定　○ 同意　○ 非常同意

我会关注企业在生产过程中是否采取了减少污染、保护环境的措施方面的信息。

○ 非常不同意 ○ 不同意 ○ 不确定 ○ 同意 ○ 非常同意

我会关注企业是否保障员工的职业健康与安全方面的信息。

○ 非常不同意 ○ 不同意 ○ 不确定 ○ 同意 ○ 非常同意

我会关注有关企业是否热心投入公益事业，积极帮助弱势群体的信息。

○ 非常不同意 ○ 不同意 ○ 不确定 ○ 同意 ○ 非常同意

3. 您通过下列哪些途径了解企业的社会责任信息？

□ 企业发布的社会责任报告
□ 企业的官方网站
□ 企业基于社会责任内容而创作的广告
□ 媒体关于企业社会责任活动的报道
□ 官方机构对企业社会责任表现的肯定
□ 通过第三方机构发布的社会责任报告
□ 通过企业参与的公益项目的宣传
□ 微博、博客、论坛等
□ 通过他人的讲述
□ 企业产品外包装
□ 其他

第二部分

情景资料

Z 企业是一家家电制造企业，该企业近三年财务状况良好，收益稳定。

请认真阅读下面有关 Z 企业的社会责任方面的信息，然后，根据您的感受填写问卷。

本年度公司未出现重大环保事件，获得了由当地环保部门颁发的环境保护守法企业证明；公司的界外噪声、生活废水、生活废气的排放，均通过当地环保部门的监测，监测结果全部符合法规标准要求，并获得“绿色节能先锋”企业称号、“最具绿色竞争力品牌”奖项。

信息来源：企业发布的社会责任报告

我们积极投身于抗震救灾和扶危济困，集团用于社会公益事业的资金和物品总价值累计已高达5亿余元，其中用于希望工程方面的捐款、捐物共计6383万元，援建希望学校的总数将达到165所。集团在公益事业上的爱心奉献数不胜数，在公益事业上的动人之举有口皆碑！

信息来源：Z企业官方网站

4. 请您对上述信息的可信度进行评价？

○ 很低 ○ 较低 ○ 一般 ○ 较高 ○ 很高

5. 企业声誉

我认为该公司是一家很成功的企业。
○ 非常不同意 ○ 不同意 ○ 不确定 ○ 同意 ○ 非常同意
我认为该公司是值得尊敬的企业。
○ 非常不同意 ○ 不同意 ○ 不确定 ○ 同意 ○ 非常同意
我认为该公司是值得信任的企业。
○ 非常不同意 ○ 不同意 ○ 不确定 ○ 同意 ○ 非常同意
我认为该公司会有很好的发展前景。
○ 非常不同意 ○ 不同意 ○ 不确定 ○ 同意 ○ 非常同意

6. 购买意向

在价格相当的情况下，我会优先考虑购买该公司生产的产品。
○ 非常不同意 ○ 不同意 ○ 不确定 ○ 同意 ○ 非常同意
在产品质量相当的情况下，我会考虑购买该公司生产的产品，即使价格略高于其他公司。
○ 非常不同意 ○ 不同意 ○ 不确定 ○ 同意 ○ 非常同意

如果该企业推出新产品和服务，我非常愿意尝试。

○ 非常不同意 ○ 不同意 ○ 不确定 ○ 同意 ○ 非常同意

如果我对该公司的产品感到满意，我乐意向其他人推荐该企业产品。

○ 非常不同意 ○ 不同意 ○ 不确定 ○ 同意 ○ 非常同意

7. 求职意向

如果该公司给我一个应聘面试机会，我会非常乐意去。

○ 非常不同意 ○ 不同意 ○ 不确定 ○ 同意 ○ 非常同意

如果该公司给我一个职位，我会很高兴地接受。

○ 非常不同意 ○ 不同意 ○ 不确定 ○ 同意 ○ 非常同意

如果能在该公司工作，我想我会非常自豪。

○ 非常不同意 ○ 不同意 ○ 不确定 ○ 同意 ○ 非常同意

我会将这家公司推荐给我正在找工作的朋友。

8. 投资意向

我非常希望投资该公司。

○ 非常不同意 ○ 不同意 ○ 不确定 ○ 同意 ○ 非常同意

我想购买该公司的股票。

○ 非常不同意 ○ 不同意 ○ 不确定 ○ 同意 ○ 非常同意

我觉得该公司会是一个很好的业务合作伙伴。

○ 非常不同意 ○ 不同意 ○ 不确定 ○ 同意 ○ 非常同意

我会向有投资计划的朋友推荐该企业股票。

○ 非常不同意 ○ 不同意 ○ 不确定 ○ 同意 ○ 非常同意

第三部分

9. 您的性别：

○ 男 ○ 女

10. 您的年龄段：

○ 20岁以下 ○ 20~29岁 ○ 30~39岁 ○ 40~49岁
○ 50~59岁 ○ 60岁以上

11. 您正在攻读或已获得的最高学位：

○ 高中 ○ 中专 ○ 大专 ○ 大学本科 ○ 硕士研究生
○ 博士研究生

问卷做完了，您辛苦啦！请检查有没有遗漏之处。对您的热心参与，我们再次表示万分的谢意！

调查问卷二

尊敬的女士/先生，您好！

万分感谢您在百忙之中接受我们的问卷调查，您所提供的信息对我们的研究很有价值。本调查的目的在于探讨企业社会责任信息对企业声誉及其利益相关者行为意向的影响。此份问卷为匿名填写，不涉及任何个人隐私。各题的答案没有对错之分，请您根据实际感受来回答。您的答案将是我们研究工作的基础，期待您认真填写，再次感谢您的配合！

祝您身体健康，工作愉快！

问卷涉及的相关名词定义如下：

企业社会责任（Corporate Social Responsibility，CSR）是指企业在创造利润、对股东利益负责的同时，还要承担对员工、对社会和环境的社会责任，包括提供社会需要的产品和服务，遵守商业道德、生产安全、职业健康、保护劳动者的合法权益、保护环境、节约资源、支持慈善事业等。

各题答案没有对错之分，请您根据自己的实际感受对下列问题中每个表述的认同程度进行判断。

第一部分

1. 企业社会责任认知

企业伦理和社会责任对企业的生存至关重要。

○ 非常不同意 ○ 不同意 ○ 不确定 ○ 同意 ○ 非常同意

企业的社会责任感是评价公司好坏的最重要的标准之一。

○ 非常不同意 ○ 不同意 ○ 不确定 ○ 同意 ○ 非常同意

企业履行社会责任对于塑造企业良好公众形象具有直接关系。

○ 非常不同意 ○ 不同意 ○ 不确定 ○ 同意 ○ 非常同意

把资源用于企业社会责任行为是以牺牲产品改善为代价的。

○ 非常不同意 ○ 不同意 ○ 不确定 ○ 同意 ○ 非常同意

企业承担社会责任和赚取利润，二者可兼得。

○ 非常不同意 ○ 不同意 ○ 不确定 ○ 同意 ○ 非常同意

企业为社会创造就业、按章纳税就是履行社会责任，其他责任是政府的事情。

○ 非常不同意 ○ 不同意 ○ 不确定 ○ 同意 ○ 非常同意

社会责任仅是那些国有企业的事，因为它们利用国家垄断优势赚取巨额利润。

○ 非常不同意 ○ 不同意 ○ 不确定 ○ 同意 ○ 非常同意

企业履行社会责任对公司、组织运作产生积极的影响。

○ 非常不同意 ○ 不同意 ○ 不确定 ○ 同意 ○ 非常同意

企业社会责任绩效是公司的战略竞争优势之一。

○ 非常不同意 ○ 不同意 ○ 不确定 ○ 同意 ○ 非常同意

履行社会责任只会增加企业的负担和成本。

○ 非常不同意 ○ 不同意 ○ 不确定 ○ 同意 ○ 非常同意

2. 社会责任信息关注度

我平时关注社会时事新闻。

○ 非常不同意 ○ 不同意 ○ 不确定 ○ 同意 ○ 非常同意

我会主动获取企业社会责任方面的信息。

○ 非常不同意　○ 不同意　○ 不确定　○ 同意　○ 非常同意

我会关注企业是否遵守法律、诚信经营方面的信息。

○ 非常不同意　○ 不同意　○ 不确定　○ 同意　○ 非常同意

我会关注企业是否为消费者提供安全、质量可靠的产品/服务方面的信息。

○ 非常不同意　○ 不同意　○ 不确定　○ 同意　○ 非常同意

我会关注企业在生产过程中是否采取了减少污染、保护环境的措施方面的信息。

○ 非常不同意　○ 不同意　○ 不确定　○ 同意　○ 非常同意

我会关注企业是否保障员工的职业健康与安全方面的信息。

○ 非常不同意　○ 不同意　○ 不确定　○ 同意　○ 非常同意

我会关注有关企业是否热心投入公益事业，积极帮助弱势群体的信息。

○ 非常不同意　○ 不同意　○ 不确定　○ 同意　○ 非常同意

3. 您通过下列哪些途径了解该企业的社会责任信息？

□ 企业发布的社会责任报告

□ 企业的官方网站

□ 企业基于社会责任内容而创作的广告

□ 媒体关于企业社会责任活动的报道

□ 官方机构对企业社会责任表现的肯定

□ 通过第三方机构发布的社会责任报告

□ 通过企业参与的公益项目的宣传

□ 微博、博客、论坛等

□ 通过他人的讲述

□ 企业产品外包装

□ 其他

第二部分

情景资料

Z 企业是一家家电制造企业，该企业近三年财务状况良好，收益稳定。

请认真阅读下面有关 Z 企业的社会责任方面的信息，然后，根据您的感受填写问卷。

为刺激内需和促进节能社会的建立，国家从 2009 年 6 月 1 日起开始在空调行业实施“节能产品惠民工程”，对定频空调能效比标准 1 级、2 级的空调实施财政补贴销售。2010 年 7 月，Z 集团被调查发现在高效节能空调推广过程中存在严重的弄虚作假的问题，从“节能惠民工程”中骗得了高达 8.4 亿元的财政补贴。

信息来源：中国经济网

本企业宣布召回北美市场销售的 12 个品牌除湿机，该除湿机有可能引发过热、冒烟、火灾等危险，本次召回涉及 2005 年至今在美国销售的 20 万台和在加拿大销售的 5.25 万台产品。召回的主要原因是这些机器可能过热并冒烟起火，从而对消费者构成火灾和烧伤威胁。

信息来源：Z 企业官方网站

4. 请您对上述信息的可信度进行评价？

○ 很低　○ 较低　○ 一般　○ 较高　○ 很高

5. 企业声誉

我认为该公司是一家很成功的企业。

○ 非常不同意　○ 不同意　○ 不确定　○ 同意　○ 非常同意

我认为该公司是值得尊敬的企业。

○ 非常不同意　○ 不同意　○ 不确定　○ 同意　○ 非常同意

我认为该公司是值得信任的企业。

○ 非常不同意　○ 不同意　○ 不确定　○ 同意　○ 非常同意

我认为该公司会有很好的发展前景。

○ 非常不同意　○ 不同意　○ 不确定　○ 同意　○ 非常同意

6. 购买意向

在价格相当的情况下，我会优先考虑购买该公司生产的产品。

○ 非常不同意　○ 不同意　○ 不确定　○ 同意　○ 非常同意

在产品质量相当的情况下，我会考虑购买该公司生产的产品，即使价格略高于其他公司。

○ 非常不同意　○ 不同意　○ 不确定　○ 同意　○ 非常同意

如果该企业推出新产品和服务，我非常愿意尝试。

○ 非常不同意　○ 不同意　○ 不确定　○ 同意　○ 非常同意

如果我对该公司的产品感到满意，我乐意向其他人推荐该企业产品。

○ 非常不同意　○ 不同意　○ 不确定　○ 同意　○ 非常同意

7. 求职意向

如果该公司给我一个应聘面试机会，我会非常乐意去。

○ 非常不同意　○ 不同意　○ 不确定　○ 同意　○ 非常同意

如果该公司给我一个职位，我会很高兴地接受。

○ 非常不同意　○ 不同意　○ 不确定　○ 同意　○ 非常同意

如果能在该公司工作，我想我会非常自豪。

○ 非常不同意　○ 不同意　○ 不确定　○ 同意　○ 非常同意

我会将这家公司推荐给我正在找工作的朋友。

○ 非常不同意　○ 不同意　○ 不确定　○ 同意　○ 非常同意

8. 投资意向

我非常希望投资该公司。

○ 非常不同意　○ 不同意　○ 不确定　○ 同意　○ 非常同意

我想购买该公司的股票。

○ 非常不同意　○ 不同意　○ 不确定　○ 同意　○ 非常同意

我觉得该公司会是一个很好的业务合作伙伴。

○ 非常不同意 ○ 不同意 ○ 不确定 ○ 同意 ○ 非常同意

我会向有投资计划的朋友推荐该企业股票。

○ 非常不同意 ○ 不同意 ○ 不确定 ○ 同意 ○ 非常同意

第三部分

9. 您的性别：

○ 男 ○ 女

10. 您的年龄段：

○ 20 岁以下 ○ 20~29 岁 ○ 30~39 岁 ○ 40~49 岁
○ 50~59 岁 ○ 60 岁以上

11. 您正在攻读或已获得的最高学位：

○ 高中 ○ 中专 ○ 大专 ○ 大学本科 ○ 硕士研究生
○ 博士研究生

参考文献

[1] Bowen H. Social responsibilities of the businessman [M]. New York: Harper, 1953.

[2] Davis K. Can business afford to ignore social responsibilities? [J]. California Management Review, 1960, 2 (3): 70-76.

[3] Carroll A B. A three - dimensional conceptual model of social performance [J]. Academy of Management Review, 1979, 4 (4): 497-505.

[4]陈佳贵. 中国企业社会责任研究报告 (2009) [M]. 北京: 社会科学文献出版社, 2009.

[5]陈佳贵, 黄群慧, 彭华岗, 等. 中国企业社会责任研究报告 (2010) [M]. 北京: 社会科学文献出版社, 2011.

[6]陈佳贵, 黄群慧, 彭华岗, 等. 中国企业社会责任研究报告 (2011) [M]. 北京: 社会科学文献出版社, 2011.

[7]陈佳贵, 黄群慧, 彭华岗, 等. 中国企业社会责任研究报告 (2012) [M]. 北京: 社会科学文献出版社, 2012.

[8]黄群慧. 中国企业社会责任研究报告 (2013) [M]. 北京: 社会科学文献出版社, 2013.

[9]黄群慧, 彭华岗, 钟宏武, 等. 国企业社会责任研究报告 (2014) [M]. 北京: 社会科学文献出版社, 2014.

[10]黄群慧, 彭华岗, 钟宏武, 等. 中国企业社会责任研究报告 (2015) [M]. 北京: 社会科学文献出版社, 2015.

[11]金蜜蜂. 中国企业社会责任报告指数 (2009-2014) [R]. WTO 经济导刊, 2014.

[12]中国上市公司社会责任信息披露研究报告 (2014) [R]. 中国上市公司协会、证券时报社, 2014.

[13] Wood D J, Jones R E. Stakeholder mismatching: A theoretical

problem in empirical research on corporate social performance [J]. International Journal of Organizational Analysis, 1995, 3 (3): 240.

[14] Molteni M. The social-competitive innovation pyramid [J]. Corporate Governance International Journal of Business in Society, 2006, 6 (4): 516-526.

[15]迈克尔·波特，马克·克雷默. 战略与社会：竞争优势与企业社会责任的联系 [J]. 石志华，译. 商业评论，2007 (11): 42-44.

[16] Husted B W, Allen D B. Is it ethical to use ethics as strategy? [J]. Journal of Business Ethics, 2000, 27 (1): 21-31.

[17] Wanderley L S O. Strategic corporate social responsibility management for competitive advantage [J]. Bar Braz. adm. rev, 2010, 7 (3): 294-309.

[18] Fama E F. Agency problems and the theory of Firm [J]. Archive for Rational Mechanics & Analysis, 1980, 88 (2): 288-307.

[19] Deephouse D L. Media reputation as a strategic resource: an integration of mass communication and resource-based theories [J]. Journal of Management, 1997, 26 (6): 1091-1112.

[20] Fombrun C J. Indices of corporate reputation: an analysis of media rankings and social monitors' ratings [J]. Corporate Reputation Review, 1998, 1 (4): 327-340.

[21] Fombrun Charles. Reputation: realizing value from the corporate image [M]. Boston: Harvard BusinessSchool Press, 1996.

[22] Waddock S. The multiple bottom lines of corporate citizenship: social investing, reputation, and responsibility audits [J]. Business and Society Review, 2000 (105): 323-345.

[23] Fombrun C, Shanley M. What's in a name? reputation building and corporate strategy [J]. Academy of Management Journal, 1990, 33 (2): 233.

[24] Fombrun C. Corporate reputation: research and practice [J]. Presented at Conversazione Santa Fe, NM. 2002 (3): 20-25.

[25]凯文·杰克逊. 声誉管理 [M]. 顾捷昕，张宏超，译. 北京：新华出版社，2006.

[26] Clarkson M. A stakeholder framework for analyzing and evaluating corporate social performace [J]. Academy of Management Review, 1995, 20 (1): 92-117.

[27] Berman S L, Jones T M. Does takeholder orientation matter? The relationship between stakeholder management models and firm financial performance [J]. Academy of Management Journal, 1999, 42 (5): 488-506.

[28] Collins J C, Porras J I. Built to last: successful habits of visionary companies [J]. Hfm, 1994, 17 (1): 98 - 99.

[29] Graves S B, Waddock S A. Beyond built to last stakeholder relations in "Built-to-Last" companies [J]. Business & Society Review, 2000, 105 (4): 393-418.

[30] 弗里曼 . 战略管理——利益相关者方法 [M]. 上海: 上海译文出版社, 2006.

[31] Knox S, Maklan S, French P. Corporate social responsibility: exploring stakeholder relationships and programme reporting across leading FTSE companies [J]. Journal of Business Ethics, 2005, 61 (1): 7-28.

[32] O'Riordan L, Fairbrass J. Corporate social responsibility (CSR) models and theories in stakeholder dialogue [J]. Journal of Business Ethics, 2008 (83): 745-758.

[33] Bandeira-De-Mello R, Marcon R, Alberton A. Performance effects of stakeholder interaction in emerging economies: vidence from brazil [J]. BAR-Brazilian Administration Review, 2011, 8 (3): 329-350.

[34] 黄勇 . 浅谈利益相关者及其关系管理 [J]. 经济与管理, 2004, 18 (4): 43-44.

[35] Ajzen I, Driver B L. Application of the theory of planned behavior to leisure choice [J]. Journal of Leisure Research, 1992 (24): 207-224.

[36] David P, French Stephen Sutton, Susie J. Hennings, etal. The importance of affective beliefs and attitudes in the theory of Planned behavior: predicting intention to inerease Physical activity [J]. Journal of Applied Social Psychology, 2005, 35 (9): 1824-1848.

[37] 舒华, 张亚旭 . 心理学研究方法 [M]. 北京: 人民教育出版社, 2008.

[38] Baron R M, Kenny D A. The moderator-mediator variable distinction in social psychological research: conceptual, strategic, and statistical considerations [J]. Journal of Personality and social Psychology, 1986 (51): 1173-1182.

[39]Preacher K J, Hayes A F. SPSS and SAS procedures for estimating indirect effects in simple mediation models [J]. Behavior Research Methods Instruments & Computers, 2004, 36 (4): 717-731.

[40]Mishra S, Suar D. Does corporate social responsibility influence firm performance of Indian companies? [J]. Journal of Business Ethics, 2010, 95 (4): 571-601.

[41]Parket I R, Eilbirt H. The practice of business social responsibility: the underlying factors [J]. Business Horizons, 1975, 18 (4): 5-10.

[42]Cochran P L, Wood R A. Corporate social responsibility and financial performance [J]. Academy of Management Journal, 1984, 27 (1): 42-56.

[43]Johnson R A, Greening D W. Relationships between corporate social performance, financial performance, and firm governance [J]. Academy of Management Annual Meeting Proceedings, 1994 (1): 314-318.

[44]Frooman J. Socially irresponsible and illegal behavior and shareholder wealth. A meta-analysis of event studies [J]. Business & Society, 1997, 36 (3): 221-249.

[45]Rynes S L, Schmidt F L, Orlitzky M. Corporate social and financial performance: A Meta-Analysis [J]. Organization Studies, 2003, 24 (3): 403-441.

[46]Harjoto M A, Jo H. Corporate social responsibility and operating performance [J]. Journal of the Academy of Business & Economics, 2008, 8 (1): 232-239.

[47]Bakar A S A, Ameer R. Readability of corporate social responsibility communication in Malaysia [J]. Corporate Social Responsibility & Environmental Management, 2011, 18 (1): 50-60.

[48]Tang Z, Hull C E, Rothenberg S. How corporate social responsibility engagement strategy moderates the CSR-financial performance relationship [J]. Journal of Management Studies, 2012, 49 (7): 1274-1303.

[49]温素彬，方苑．企业社会责任与财务绩效关系的实证研究——利益相关者视角的面板数据分析 [J]. 中国工业经济，2008 (10): 150-160.

[50]李正．企业社会责任与企业价值的相关性研究——来自沪市上市公司的经验证据 [J]. 中国工业经济，2006 (2): 77-83.

[51]Folger H, Nutt F. A note on social responsibility and stock valuation [J]. Academy of Management Journal, 1975 (18): 155-159.

[52]Freedman M, Jaggi B. An analysis of the association between pollution disclosure and economic performance [J]. Accounting Auditing & Accountability Journal, 1988, 1 (2): 43-58.

[53]Pava M L, Krausz J. The association between corporate social-responsibility and financial performance: the paradox of social cost [J]. Journal of Business Ethics, 1996, 15 (3): 321-357.

[54]Mcwilliams A, Siegel D. Corporate social responsibility: A theory of the firm perspective [J]. Academy of Management Review, 2001, 26 (1): 117-127.

[55] Najah A, Jarboui A. The social disclosure impact on corporate financial performance: case of big French companies [J]. Social Science Electronic Publishing, 2013, 3 (4): 337-351.

[56] Vance S G. Are socially responsible corporations good investment Risks? [J]. Management Review, 1975.

[57]Hill C W L, Kelley P C, Agle B R, et al. An empirical examination of the causes of corporate wrongdoing in the United States [J]. Human Relations, 1992, 45 (10): 1055-1076.

[58]McGuire J B, Schneeweis T. Corporate social responsibility and firm financial performance [J]. Academy of Management Journal, 1988, 31 (4): 854-872.

[59]Balabanis G, Phillips H C, Lyall J. Corporate social responsibility and economic performance in the top British companies: are they linked? [J]. European Business Review, 1998, 98 (1): 25-44.

[60]Orlitzky M. Social responsibility and fi nancial performance: Trade-off or virtuous circle? [J]. University of Auckland Business Review, 2005 (7): 37-43.

[61] Wood D J, Jones R E. Stakeholder mismatching: a theoretical problem in empirical research on corporate social performance [J]. International Journal of Organizational Analysis, 1995, 3 (3): 229-267.

[62]Griffin J J, Mahon John F. The corporate social performance and corporate financial performance debate: twenty-five years of incomparable research

[J]. Business & Society, 1997, 36 (36): 5-31.

[63] Walsh J P. People and profits? The search for a link between a company's social and financial performance [J]. Mid - American Journal of Business, 2003 (1): 83-84.

[64] Hasoneh A B, Alafi K. Corporate social responsibility associated with customer satisfaction and financial performance a case study with Housing banks in Jordan [J]JRIBM, 2012, 1 (1) : 54-60.

[65] Galbreath J, Shum P. Do customer satisfaction and reputation mediate the CSR-FP Link? Evidence from Australia [J]. Social Science Electronic Publishing, 2012, 37 (2): 211-229.

[66] Bowman E H, Haire M. Social impact disclosure and corporate annual reports [J]. Accounting Organizations & Society, 1976, 1 (1): 11-21.

[67] Shane P B, Spicer B H. Market response to environmental information produced outside the firm [J]. Accounting Review, 1983, 58 (3): 521-538.

[68] Milne M J, Patten D M. Securing organisational legitimacy: An experimental decision case examining the impact of environmental disclosures [J]. Accounting Auditing & Accountability Journal, 2002, 15 (3): 372-405.

[69] McPeak Chuck, Tooley Nina. Do corporate social responsibility leaders perform better financially? [J]. Journal of Global Business Issues, 2008, 2 (2): 982-985.

[70] Bidhari S C, Salim U, Aisjah S. Effect of corporate social responsibility information disclosure on financial performance and firm value in banking industry lsted at Indonesia Stock Exchange [J]. European Journal of Business & Management, 2013, 5 (18): 39-46.

[71] Reverte C. The impact of better corporate social responsibility disclosure on the cost of equity capital [J]. Corporate Social Responsibility & Environmental Management, 2012, 19 (19): 253-272.

[72] Dan D, Li O Z, Tsang A, et al. Corporate social responsibility disclosure and the cost of equity capital: The roles of stakeholder orientation and financial transparency [J]. Journal of Accounting & Public Policy, 2014, 33 (4): 328-355.

[73]陈玉清，马丽丽．我国上市公司社会责任会计信息市场反应实证

分析 [J]. 会计研究，2005 (11)：76-81.

[74]宋献中，龚明晓. 社会责任信息的质量与决策价值评价——上市公司会计年报的内容分析 [J]. 会计研究，2007 (2)：37-43.

[75]沈洪涛，杨熠. 公司社会责任信息披露的价值相关性研究——来自我国上市公司的经验证据 [J]. 当代财经，2008 (3)：103-107.

[76]朱雅琴，姚海鑫. 企业社会责任与企业价值关系的实证研究 [J]. 财经问题研究，2010 (2)：102-106.

[77]刘冬荣，毛黎明，李世辉，等. 基于企业价值的上市公司社会责任信息披露实证分析 [J]. 系统工程，2009 (2)：69-72.

[78]刘想，刘银国. 社会责任信息披露与企业价值关系研究——基于公司治理视角的考察 [J]. 经济学动态，2014 (11)：89-97.

[79]Jian-Jun H U, Dong D Y, Jin W D. A study on relationship between corporate social responsibility disclosure and stock market prices: evidence from private enterprises listed in SSE [J]. Journal of Business Economics, 2013, 1 (4): 73-80.

[80]Walsh J P. People and profits? The search for a link between a compan's social and financial performance [J]. Mid - American Journal of Business, 2003 (1): 83-84.

[81]Maklan S, Knox S D. CSR at the crossroads [M]. London: Edelman, 2003.

[82]Knox S, Maklan S, French P. Corporate social responsibility: exploring stakeholder relationships and programme reporting across leading FTSE companies [J]. Journal of Business Ethics, 2005, 61 (1): 7-28.

[83]Peloza J, Papania L. The missing link between corporate social responsibility and financial performance: stakeholder salience and identification [J]. Corporate Reputation Review, 2008, 11 (2): 169-181.

[84]Bhattacharya C D, Orschun D K, Sen S. Strengthening stakeholder-company relationships through mutually beneficial corporate social responsibility initiatives [J]. Journal of Business Ethics, 2009 (85): 257-272.

[85]Chong W, Nurn Tan G. Obtaining intangible and tangible benefits from corporate social responsibility [J]. International Review of Business Research Papers, 2010 (6): 360-371.

[86]毕楠，冯琳．企业社会责任的价值创造研究——一个三维概念模型的构建［J］. 财经问题研究，2011（3）：28-33.

[87]谢雅萍，许美丽．基于利益相关者的企业社会责任行为与企业社会责任效应关系的实证研究［J］. 经济经纬，2012（5）：87-91.

[88]辛杰．企业社会责任的价值创造机制研究［J］. 管理学报，2014，11（11）：1671-1679.

[89]Neville B A，Bell S J，Menguc B. Corporate reputation，stakeholders and the social performance-financial performance relationship［J］. European Journal of Marketing，2005（39）：1184-1198.

[90]Williams R J，Barrett J D. Corporate philanthropy，criminal activity，and firm reputation：Is there a link［J］. Journal of Business Ethics，2000（26）：341-350.

[91]Brammer S，Pavelin S. Building a good reputation［J］. European Management Journal，2004，22（6）：704-713.

[92]Little P L，Little B L. Do perceptions of corporate social responsibility contribute to explaining differences in corporate price-earnings ratios? A research note［J］. Corporate Reputation Review，2000，3（2）：137-42.

[93]Roberts P W，Dowling G R. Corporate reputation and stustained sustained superior financial peformance［J］. Strategic Management Journal，2002，23（12）：1077-1093.

[94]Rynes S L，Schmidt F L，Orlitzky M. Corporate social and financial performance：A meta-analysis［J］. Organization Studies，2003，24（3）：403-441.

[95]Fombrun C，Shanley M. What' s in a name? Reputation building and corporate strategy［J］. Academy of Management Journal，1990（33）：233-258.

[96]Simon Knox，Stan Maklan. Corporate Social Responsibility：Moving beyond investment towards measuring outcomes［J］. European Management Journal，2004，22（5）：508-516.

[97]Trotta Annarita，Antonella Iannuzzi，Giusy Cavallaro，et al. Banking reputation and CSR：a stakeholder value approach［J］The Naples Forum on Service，2011.

[98]Moneva J M，Larrinaga C，Bebbington J. Corporate social reporting and reputation risk management［J］. Accounting Auditing & Accountability Jour-

nal, 2008, 21 (3): 337-361.

[99] Ali I. Influence of corporate social responsibility on development of corporate reputation and customer purchase intentions [R]. Mpra Paper, 2011.

[100] Maden C, Arıkan E, Telci E, et al. Linking corporate social responsibility to corporate reputation: A study on understanding behavioral consequences [J]. Procedia - Social and Behavioral Sciences, 2012, 58 (7): 655-664.

[101] Eberle D, Berens G, Li T. The impact of interactive corporate social responsibility communication on corporate reputation [J]. Journal of Business Ethics, 2013, 118 (4): 731-746.

[102] 任巧巧. 企业的社会责任与企业声誉 [J]. 经济管理, 2005 (19): 16-20.

[103] 周延风, 肖文建, 罗文恩. 企业社会责任行为对消费者关于公司声誉评价的影响 [J]. 现代管理科学, 2007 (12): 56-58.

[104] 石军伟, 胡立君, 付海艳. 企业社会责任、社会资本与组织竞争优势: 一个战略互动视角——基于中国转型期经验的实证研究 [J]. 中国工业经济, 2009 (11): 87-98.

[105] 李新娥, 彭华岗. 企业社会责任信息披露与企业声誉关系的实证研究 [J]. 经济体制改革, 2010 (3): 74-76.

[106] 费显政, 李陈微. 一损俱损还是因祸得福? ——企业社会责任声誉溢出效应研究 [J]. 管理世界, 2010 (4): 74-84.

[107] 李海序, 张子刚. CSR 对企业声誉及顾客忠诚影响的实证研究 [J]. 南开管理评论 2010 (13): 90-99.

[108] 沈洪涛, 王立彦, 万拓. 社会责任报告及鉴证能否传递有效信号? ——基于企业声誉理论的分析 [J]. 审计研究, 2011 (4): 87-93.

[109] Murray K B, Vogel C M. Using a hierarchy-of-effects approach to gauge the effectiveness of corporate social responsibility to generate goodwill toward the firm: Financial versus nonfinancial impacts [J]. Journal of Business Research, 1997, 38 (96): 141-159.

[110] Webb D J, Mohr L A. A Typology of Consumer responses to cause-related marketing: from skeptics to socially concerned [J]. Pisma, 1998, 78 (11): 1251-1256.

[111] Lafferty B A, Goldsmith R E. Corporate credibility's role in consum-

ers' attitudes and purchase intentions when a high versus a low credibility endorser Is used in the Ad [J]. Journal of Business Research, 1999, 44 (2): 109-116.

[112]Sen S, Bhattacharya C B. Does doing good always lead to doing better? Consumer reactions to corporate social responsibility [J]. Journal of Marketing Research (JMR), 2001, 38 (2), 225-243.

[113] Maignan I, Ferrell O C. Corporate social responsibility and marketing: An integrative framework [J]. Journal of the Academy of Marketing Science, 2004, 32 (1): 3-19.

[114]Mohr L A, Webb D J. The effects of corporate social responsibility and price on consumer responses [J]. Journal of Consumer Affairs, 2005, 39 (1): 121-147.

[115]Castaldo S, Perrini F, Misani N, et al. The missing link between corporate social responsibility and consumer trust: The case of fair trade products [J]. Journal of Business Ethics, 2009, 84 (1): 1-15.

[116]Berens G, Riel C B M V, Bruggen G H V. Corporate associations and consumer product responses: The moderating role of corporate brand dominance [J]. Journal of Marketing, 2005, 69 (3): 35-48.

[117]Alniacik U, Alniacik E, Genc N. How corporate social responsibility information influences stakeholders' intentions [J]. Corporate Social Responsibility & Environmental Management, 2011, 18 (4): 234-245.

[118]D J Webb, L A Mohr. A typology of consumer responses to cause-related marketing: from skeptics to socially concerned [J]. Journal of Public Policy & Marketing, 1998, 17 (2): 226-238.

[119]Mohr L A, Webb D J. The effects of corporate social responsibility and price on consumer responses [J]. Journal of Consumer Affairs, 2005, 39 (1): 121-147.

[120]Bae J, Cameron G T. Conditioning effect of prior reputation on perception of corporate giving [J]. Public Relations Review, 2006, 32 (2): 144-150.

[121] Becker-Olsen K L, Cudmore B A, Hill R P. The impact of perceived corporate social responsibility on consumer behavior [J]. Journal of Business Research, 2006, 59 (1): 46-53.

[122]金立印．企业社会责任运动测评指标体系实证研究——消费者视角［J］．中国工业经济，2006（6）：114-120.

[123]周祖城，张漪杰．企业社会责任相对水平与消费者购买意向关系的实证研究［J］．中国工业经济，2007（9）：111-118.

[124]周延风，罗文恩，肖文建．企业社会责任行为与消费者响应——消费者个人特征和价格信号的调节［J］．中国工业经济，2007（3）：64-71.

[125]常亚平，阎俊，方琪．企业社会责任行为、产品价格对消费者购买意愿的影响研究［J］．管理学报，2008，5（1）：110-117.

[126]谢佩洪，周祖城．中国背景下CSR与消费者购买意向关系的实证研究［J］．南开管理评论，2009，12（1）：64-70.

[127]张四龙，周祖城．论企业声誉管理的必要性［J］．技术经济，2002（2）：24-26.

[128]韦佳园，周祖城．消费者的CSR-CA观念及其对CSR与购买意向关系的影响研究［J］．上海管理科学，2008，30（2）：17-20.

[129]张广玲，付祥伟，熊啸．企业社会责任对消费者购买意愿的影响机制研究［J］．武汉大学学报：哲学社会科学版，2010（2）：244-248.

[130]田志龙，等．中国情境下消费者CSR反应的行业比较研究［J］．管理科学，2011，24（2）：30-41.

[131]马龙龙．企业社会责任对消费者购买意愿的影响机制研究［J］．管理世界，2011（5）：120-126.

[132]邓新明．中国情景下消费者的伦理购买意向研究——基于TPB视角［J］．南开管理评论，2012，15（3）：22-32.

[133]Aiman-Smith L，Bauer T N，Cable D M. Are you attracted? Do you intend to pursue? A recruiting policy-capturing study［J］. Journal of Business & Psychology，2001，16（2）：219-237.

[134]Greening D W，Turban D B. Corporate social performance as a competitive advantage in attracting a quality workforce［J］. Business & Society，2000，39（3）：254-280.

[135]Albinger H S，Freeman S J. Corporate social performance and attractiveness as an employer to different job seeking populations［J］. Journal of Business Ethics，2000，28（3）：243-253.

[136] Collins C J, Stevens C K. The relationship between early recruitment-related activities and the application decisions of new labor-market entrants: a brand equity approach to recruitment [J]. Journal of Applied Psychology, 2002, 87 (6): 1121-1133.

[137] Gowan M. Corporate social responsibility, applicants' ethical predispositions and organization attraction [C]. Academy of Management Annual Meeting Proceedings, 2008: 1-6.

[138] Teoh, Hai Yap, Godwin Y Shiu. Attitudes towards corporate social responsibility and perceived importance of social responsibility information characteristics in a decision context [J]. Journal of Business Ethics, 1990 (9): 71-77.

[139] Epstein M J, Freedman M. Social disclosure and individual investor [J]. Accounting Auditing & Accountability Journal, 1994, 7 (4): 94-109.

[140] Waddock Sandra A, Samuel B Graves. The corporate social performance-financial performance link [J]. StrategicManagement Journal, 1997, 18 (4): 303.

[141] Frooman J. Socially irresponsible and illegal behavior and shareholder wealth: A meta-analysis of event Studies [J]. Business & Society, 1997, 36 (3): 221-249.

[142] Balabanis G, Phillips H C, Lyall J. Corporate social responsibility and economic performance in the top British companies: are they linked? [J]. European Business Review, 1998, 98 (1): 25-44.

[143] Cormier D, Magnan E. The informational contribution of social and environmentaldisclosures for investors [J]. Management Decision, 2011, 49 (8): 1276-1304.

[144] Dhaliwal D, Radhakrishnan S, Tsang A, et al. Nonfinancial disclosure and analyst forecast accuracy: international evidence on corporate social responsibility disclosure [J]. The Accounting Review, 2012, 87 (3): 23-7590.

[145] Reverte C. Corporate social responsibility disclosure and market valuation: evidence from Spanish listed firms [J]. Review of Managerial Science, 2014, 10 (2): 1-25.

[146] Cordeiro J J, Tewari M. Firm characteristics, industry context, and investor reactions to environmental CSR: A stakeholder theory approach [J].

Journal of Business Ethics, 2015 (130): 1-17.

[147]何贤杰，肖土盛，陈信元. 企业社会责任信息披露与公司融资约束 [J]. 财经研究，2012 (8): 60-83.

[148] Liu D, Xu S, Yue Y. The information contribution of corporate social responsibility disclosure for investors in China [J]. Journal of Convergence Information Technology, 2013, 8 (17): 43-49.

[149] He X, Xiao T, Zhu H. Ownership structure, institutional environment, and the economic consequences of corporate social responsibility information disclosure: evidence from analysts' earnings forecasts [J]. China Accounting & Finance Review, 2013, 15 (2): 1-71.

[150] Chun R. Corporate reputation: Meaning and measurement [J]. International Journal of Management Reviews, 2005, 7 (2): 91-109.

[151] Nikbin D, Ismail I, Marimuthu M, et al. The impact of firm reputation on customers' responses to service failure: The role of failure attributions [J]. Business Strategy, 2011, 12 (1): 19-29.

[152] Maden C, Arıkan E, Telci E E, et al. Linking corporate social responsibility to corporate reputation: A study on understanding behavioral consequences [J]. Procedia - Social and Behavioral Sciences, 2012, 58 (7): 655-664

[153] Fombrun C J, Van Riel C B M. The reputational landscape [J]. Corporate Reputation Review, 1997, 1 (1): 1-16

[154] Lafferty B A, Goldsmith R E. Corporate credibility's role in consumers' attitudes and purchase intentions when a high versus a low credibility endorser Is used in the Ad [J]. Journal of Business Research, 1999, 44 (2): 109-116.

[155] Nguyen N, Leblanc G. Corporate image and corporate reputation in customers' retention decisions in services [J]. Journal of Retailing & Consumer Services, 2001, 8 (4): 227-236.

[156] Ou W M, Abratt R, Dion P. The influence of retailer reputation on store patronage [J]. Journal of Retailing & Consumer Services, 2006, 13 (3): 221-230.

[157] Graham M E, Bansal P. Consumers' willingness to pay for corporate

reputation: The context of airline companies [J]. Corporate Reputation Review, 2007, 10 (3): 189-200.

[158]Keh H T, Xie Y. Corporate reputation and customer behavioral intentions: The roles of trust, identification and commitment [J]. Industrial Marketing Management, 2009, 38 (7): 732-742.

[159]Helm S V. How corporate reputation affects customers' reactions to price increases [J]. Journal of Revenue & Pricing Management, 2013 (12): 89-110.

[160]Su L J, Huang S S, Veen R V D, et al. Corporate social responsibility, corporate reputation, customer emotions and behavioral intentions: a structural equation modeling analysis [J]. Journal of China Tourism Research, 2014, 10 (4): 511-529.

[161]Su L. Social responsibility and reputation influences on the intentions of Chinese Huitang Village tourists [J]. International Journal of Contemporary Hospitality Management, 2015, 27 (8): 1750-1771.

[162]Alniacik E, Alniacik U, Erdogmus N. How do the dimensions of corporate reputation affect employment intentions? [J]. Corporate Reputation Review, 2012, 15 (1): 3-19.

[163]Wang R T. Modeling corporate social performance and job pursuit intention: Mediating mechanisms of corporate reputation and job advancement prospects [J]. Journal of Business Ethics, 2013, 117 (3): 569-582.

[164]Caruana A, Cohen C, Krentler K A. Corporate reputation and shareholders' intentions: An attitudinal perspective [J]. Journal of Brand Management, 2006, 13 (6): 429-440.

[165]Pfarrer M D, Pollock T, Rindova V P. Does noblesse oblige? The effects of firm reputation and celebrity on earnings surprises and investor reactions [J]. Ssrn Electronic Journal, 2008 (17): 41.

[166]Mcmillancapehart A, Aaron J R, Cline B N. Investor reactions to diversity reputation signals [J]. Corporate Reputation Review, 2010, 13 (3): 56-71.

[167]徐金发，龚杨达，刘志刚．企业声誉对顾客忠诚的作用机制研究 [J]. 外国经济与管理，2005，27 (7)：44-50.

[168]谢佩洪，周祖城．中国背景下 CSR 与消费者购买意向关系的实证研究［J］．南开管理评论，2009，12（1）：64-70.

[169]王新宇，余明阳．企业危机处理、企业声誉与消费者购买倾向关系的实证研究［J］．经济与管理研究，2011（7）：101-110.

[170]Freeman R E. Strategic management：A stakeholder approach［M］. Cambridge University Press，1984.

[171]Clarkson M B E A stakeholder framework for analyzing and evaluating corporate social performance［M］. Academy of Management Review，1995，20（1）：92-117.

[172]Wood D J，Jones R E. Stakeholder mismatching：a theoretical problem in empirical research on corporate social performance［J］. International Journal of Organizational Analysis，1995，3（3）：229-267.

[173]Griffin J J. Corporate social performance：research directions for the 21st Century［J］. Business & Society，2000（39）：479-491.

[174]纪建悦，刘艳青，王翠，等．利益相关者影响企业财务绩效的理论分析与实证研究［J］．中国管理科学，2009（6）：186-192.

[175]大卫·威勒，西兰琶．利益相关者公司：利益相关者价值最大化之蓝图［M］．张丽华，译．北京：经济管理出版社，2002.

[176]Fombrun C，Shanley M. What’s in a name? Reputation building and corporate strategy［J］. Academy of Management Journal，1990，33（2）：233.

[177]Roberts P W，Dowling G R. Corporate reputation and sustained superior financial performance［J］. Strategic Management Journal，2002，23（12）：1077-1093.

[178]Healy P M，Palepu K G. Information asymmetry，corporate disclosure，and The capital markets：a review of the empirical disclosure literature［J］. Journal of Accounting and Economics，2001（31）：405-440.

[179]Awang Z H，Jusoff K. The effects of corporate reputation on the competitiveness of malaysian telecommunication service providers［J］. International Journal of Business & Management，2009，4（5）：123.

[180]Gotsi M，Wilson A M. Corporate reputation：Seeking a definition［J］. CorporateCommunications：An International Journal，2001，6（1）：24-30.

[181]Rose C, Thomsen S. The impact of corporate reputation on performance : Some danish evidence [J]. European Management Journal, 2004, 22 (2): 201-210.

[182]Ajzen I . Attitudes, personality and behaviour [M]. Milton Keynes, Open University Press, 1988.

[183]Ajzen I. The theory of planned behavior [J]. Organizational Behavior & Human Decision Processes, 1991, 50 (2): 179-211.

[184]Greenwald A G. 6-Cognitive learning, cognitive response to persuasion, and attitude change [J]. Psychological Foundations of Attitudes, 1968, 48 (1): 147-170.

[185]Pomering A, Dolnicar S. Assessing the prerequisite of successful CSR implementation: Are consumers aware of CSR Initiatives? [J]. Journal of Business Ethics, 2009, 85 (2): 285-301.

[186]Dawkins J, Lewis S. CSR in stakeholde expectations: And their implication for company strategy [J]. Journal of Business Ethics, 2003, 44 (2): 185-193.

[187] Nyborg K, Brekke K A. Moral hazard and moral motivation: Corporate social responsibility as labor market screening [J]. Ssrn Electronic Journal, 2005, 50 (2): 243-246.

[188]Turban D B, Greening D W. Corporate social performance and organizational attractiveness to prospective employees [J]. Academy of Management Journal, 1997, 40 (3): 658-672.

[189]缪荣，茅宁．公司声誉的形成机制[J]．经济管理，2006 (15): 43-46

[190]Herbig P, Milewicz J. The relationship of reputation and credibility to brand success [J]. Journal of Consumer Marketing, 1993, 10 (3): 18-24.

[191]Behrend T S, Baker B A, Thompson L F. Effects of pro-environmental recruiting messages: The role of organizational reputation [J]. Journal of Business & Psychology, 2009, 24 (3): 341-350.

[192]Alniacik U, Alniacik E, Genc N. How corporate social responsibility information influences stakeholders' intentions [J]. Corporate Social Responsibility & Environmental Management, 2011, 18 (4): 234-245.

[193] Collins C Y. The interactive effects of recruitment practices and product awareness on job seekers employer knowledge and application behaviours [J]. Journal of Applied Psychology, 2006, 92 (1): 180-190.

[194]温忠麟，张雷，侯杰泰，刘红云．中介效用检验程序及其应用[J]．心理学报，2004，36（5）：614-620.

[195]侯杰泰，温忠麟，成子娟，等．结构方程模型及其应用［M］．北京：教育科学出版社，2004.

[196]荣泰生．AMOS 与研究方法［M］．重庆：重庆大学出版社，2009.

[197]吴明隆．结构方程模型——AMOS 的操作与应用［M］．重庆：重庆大学出版社，2013.

[198]吴明隆．问卷统计分析实务——SPSS 操作与应用［M］．重庆：重庆大学出版社，2010.

[199]温忠麟，刘红云，侯杰泰．调节效应和中介效应分析［M］．北京：教育科学出版社，2012.

[200]童辉杰．心理学研究方法导论［M］．北京：中国人民大学出版社，2012.

[201]戴维斯·扬．创建和维护企业的良好声誉［M］．赖月珍译．上海：上海人民出版社，1997.

[202]查尔斯·J. 福诺布龙，西斯·B. M. 范里尔．声誉与财富［M］．郑亚卉，刘春霞，等译．北京：中国人民大学出版社，2004.